高等职业技术院校汽车类专业

汽车车身电控技术（第二版）习题册

中国劳动社会保障出版社

简介

本习题册是高等职业技术院校汽车类专业教材《汽车车身电控技术（第二版）》的配套用书。本习题册内容紧扣教材的教学要求，题型全面，题量充足，并涵盖国家职业技能鉴定题库的相关内容，有助于学生复习巩固所学知识。

本习题册由何宇漾主编，高明、袁红军参加编写。

图书在版编目(CIP)数据

汽车车身电控技术（第二版）习题册/何宇漾主编. —北京：中国劳动社会保障出版社，2014.8

ISBN 978-7-5167-1399-0

Ⅰ.①汽… Ⅱ.①何… Ⅲ.汽车-车体-电子系统-控制系统-习题集 Ⅳ.①U463.6-44

中国版本图书馆 CIP 数据核字(2014)第 201750 号

中国劳动社会保障出版社出版发行

（北京市惠新东街 1 号　邮政编码：100029）

*

北京昌联印刷有限公司印刷装订　　新华书店经销

787 毫米×1092 毫米　16 开本　6.25 印张　147 千字

2014 年 10 月第 1 版　　2025 年 11 月第 13 次印刷

定价：12.00 元

营销中心电话：400-606-6496

出版社网址：http://www.class.com.cn

http://jg.class.com.cn

目 录

模块一　汽车电控安全系统

课题一　汽车安全气囊系统

一、填空题

1．汽车中的安全气囊系统是一种__________安全装置。

2．汽车安全气囊系统主要由__________、__________、安全气囊指示灯、安全气囊组件等组成。

3．汽车安全气囊组件主要由__________、气体发生器、__________和安全气囊系统线束组成。

4．当汽车以不低于__________的车速迎面撞到一个不可变形的固体障碍物时，碰撞传感器就会动作，接通搭铁回路。

二、选择题

1．前排安全气囊碰撞传感器的有效作用范围是汽车正前方（　　）。

A．±30°　　B．±35°　　C．±40°　　D．±45°

2．对安全气囊的任何作业都需要等拆下蓄电池搭铁线（　　）s 以上方可进行。

A．20　　B．25　　C．30　　D．15

3．下列会使侧面安全气囊系统膨胀开的情况是（　　）。

A．侧面碰撞　　B．轻微的侧面碰撞

C．尾部碰撞　　D．侧翻

4．安全传感器动作所需要的惯性力或减速度值与碰撞传感器相比要（　　）。

A．大　　B．小　　C．相等　　D．不确定

三、判断题

1．接通点火开关时，诊断单元对系统进行自检，若指示灯在点亮 6 s 后不熄灭，则表示安全气囊系统正常。（　　）

2．安全气囊组件主要由气囊、点火器和安全气囊系统线束组成。（　　）

3．当车辆发生碰撞事故时，气囊先于安全袋工作。（　　）

4．碰撞传感器用于检测车辆发生碰撞时的减速度或惯性力。（　　）

5．当报废车辆或更换安全气囊系统时，控制单元可以继续使用。（　　）

四、简答题

1．简述安全气囊的作用。

2．简述安全气囊的工作原理。

3．简述安全气囊的工作过程。

4．简述安全气囊拆装与检修的注意事项。

五、故障分析题

1．故障描述：安全气囊警告灯亮。
2．故障现象确认：______________________。
3．分析线路图，确定故障原因。

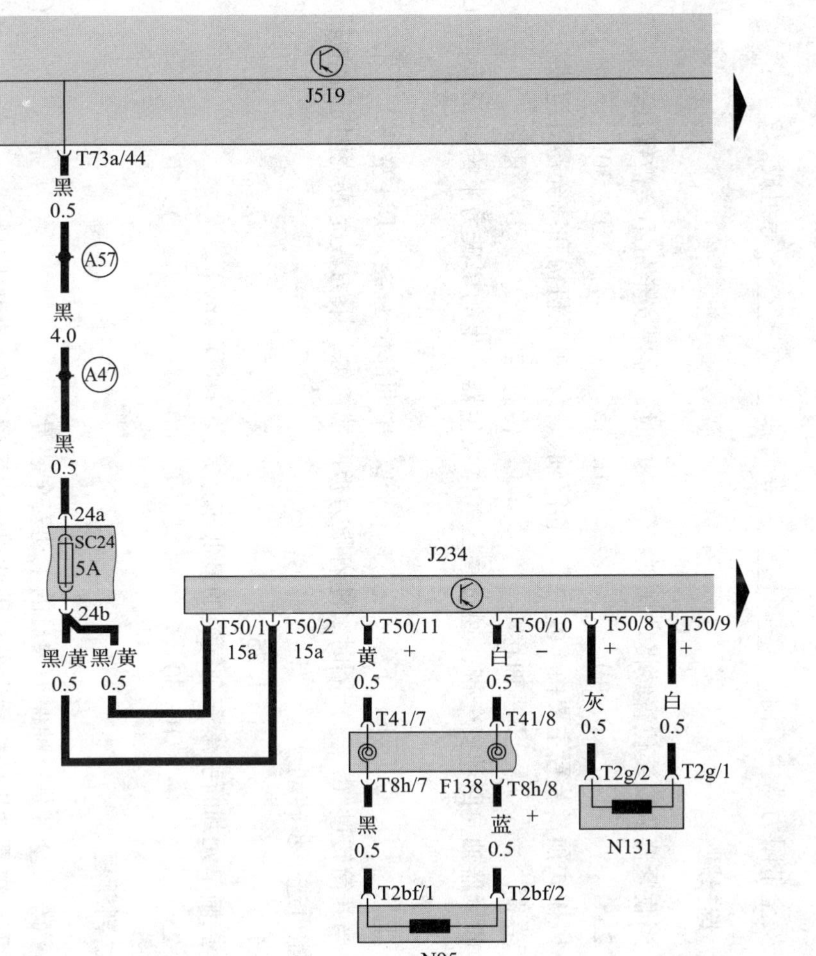

F138—安全气囊螺旋弹簧/带滑环的复位环，在转向盘下面
J234—安全气囊控制单元，在换挡杆前方的中央通道上
J519—车载网络控制单元，在仪表板左侧下方
N95—驾驶员侧安全气囊引爆装置，在转向盘内
N131—副驾驶员侧安全气囊引爆装置，在副驾驶员侧杂物箱上方
SC24—熔丝24，5安培，安全气囊控制单元熔丝，在仪表板左侧熔丝支架上
T2g—2针插头，黄色，副驾驶员侧安全气囊引爆装置插头
T2bf—2针插头，黄色，驾驶员侧安全气囊引爆装置插头
T8h—8针插头，黄色，安全气囊螺旋弹簧/带滑环的复位环插头
T41—41针插头，白色，组合开关插头
T50—50针插头，黄色，安全气囊控制单元插头
T73a—73针插头，黑色，车载网络控制单元插头，在车载网络控制单元A号位
(A47)—连接线，在仪表板线束内
(A57)—连接线，在仪表板线束内

可能故障点：

（1）______________________________

（2）______________________________

（3）______________________________

4. 实车检测，写出检测流程：

（1）______________________________

（2）______________________________

（3）______________________________

（4）______________________________

课题二　汽车安全带系统

一、填空题

1. 汽车安全带是一种保护乘员的__________安全装置，安装在汽车的 A、B 柱及后排座椅的两侧。

2. 安全带主要由__________、带锁扣、安装附件以及__________等组成。

3. 根据安全带紧急预紧装置的驱动方式不同，可分为机械式锁紧器和__________锁紧器两大类。

4. 安全带限力器主要由__________、卷筒和__________等组成。

二、选择题

1. 当收紧器从安装位置缓慢地倾斜（　　）时，确保安全带不会被锁住。

A. 25°　　B. 10°　　C. 15°　　D. 30°

2. 机械式预紧装置主要由（　　）、卷筒轴、棘轮棘爪机构和离合器等组成。

A. 卷筒　　B. 轴卷　　C. 传感器　　D. 织带

3. 收紧器轴向回卷安全带，通过高压气体发生器产生的爆破力来推动活塞向（　　）移动。

A. 上　　B. 下　　C. 中间部位　　D. 左

4. 当卷筒转过（　　）圈时，随着限力板两端接触，限力板完成绕固定轴的转动，卷筒也不能再进一步转动。

A. 1　　B. 1.25　　C. 2　　D. 3

5. 控制单元判断引爆安全气囊的最低车速是（　　）km/h。

A. 25　　B. 30　　C. 40　　D. 50

三、判断题

1. 汽车安全带是一种保护乘员的主动安全装置。（　　）

2. 万用表是常用的检测设备，因此也适用于预紧安全带的检测。（　　）

3．安全带紧急预紧装置可分为机械式锁紧装置和火药式锁紧装置两大类。（　）

4．汽车安全带可限制乘员向前冲或阻止乘员被抛离座椅，使乘员免受车内的二次碰撞，起到减轻乘员伤害的程度、保护乘员的作用。（　）

5．检查锁扣开关时应该断开蓄电池负极，使用电阻表检测扣环开关端子之间是否导通。（　）

四、简答题

1．简述安全带系统的组成结构及作用。

2．简述安全带收紧器的工作原理。

3．简述锁扣开关的检查方法。

4. 画出安全带系统的工作原理图。

五、故障分析题

1. 根据以下汽车安全带系统结构图，写出各组成部分的名称。

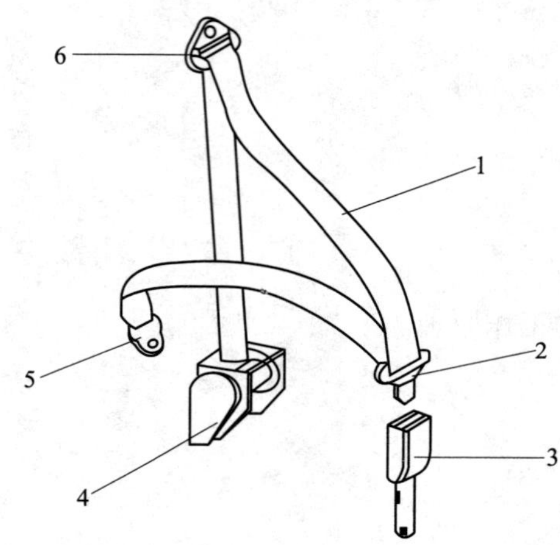

1—____________________ 2—____________________

3—____________________ 4—____________________

5—____________________ 6—____________________

2. 故障现象：试分析安全带拉出后无法回位的故障原因及检查方法。

课题三　汽车防盗报警系统

一、填空题

1. 第四代汽车防盗器经过与＿＿＿＿＿＿控制单元匹配后，介入发动机管理系统中。

2. 在防盗系统工作期间，＿＿＿＿＿＿与识读线圈一起完成防盗控制器与转发器中运算芯片的信号及能量传递工作。

3. 防盗控制器包含一个微处理器的电子控制器，只有在＿＿＿＿＿＿打开时才工作。

4. 鉴别密码过程中，仪表板上的指示灯会保持＿＿＿＿＿＿状态。如果有任何错误发生，＿＿＿＿＿＿就将停止工作，同时指示灯也会以一定频率闪动。

5. 在新配发射器时，必须将＿＿＿＿＿＿和＿＿＿＿＿＿一起与接收器进行初始化。

二、判断题

1. 如果用户将发射器丢失，暂时配不到新发射器时，则应将原配的发射器重新初始化，使丢失的发射器失效。（　　）

2. 防盗控制器对发动机控制器不需要通过特定的运算过程。只要钥匙（转发器）、发动机控制器的密码都吻合，防盗控制器就允许发动机控制器工作。（　　）

3. 每辆汽车的最多合法钥匙不能超过 6 把。（　　）

4. 匹配汽车钥匙的目的是保存以前所有合法钥匙的代码。（　　）

5. 更换发动机电控单元后，必须重新与防盗系统电控单元进行匹配，完成此项工作必须使用一把合法的汽车钥匙。（　　）

6. 若打开点火开关，防盗警告灯闪亮后熄灭，则说明防盗装置有故障。（　　）

三、故障分析题

1. 该电路图节选自＿＿＿＿＿车型，图形编号是＿＿＿＿＿。

2. 该车型中，防盗识读线圈名称是＿＿＿＿＿，安装在＿＿＿＿＿。

3. 防盗识读线圈与组合仪表的连接导线分别是：

（1）组合仪表接脚：＿＿＿＿＿＿与识读线圈接脚＿＿＿＿＿＿；导线的颜色是＿＿＿＿＿。

（2）组合仪表接脚：＿＿＿＿＿＿与识读线圈接脚＿＿＿＿＿＿；导线的颜色是＿＿＿＿＿。

4. 简述检测导线的方法。

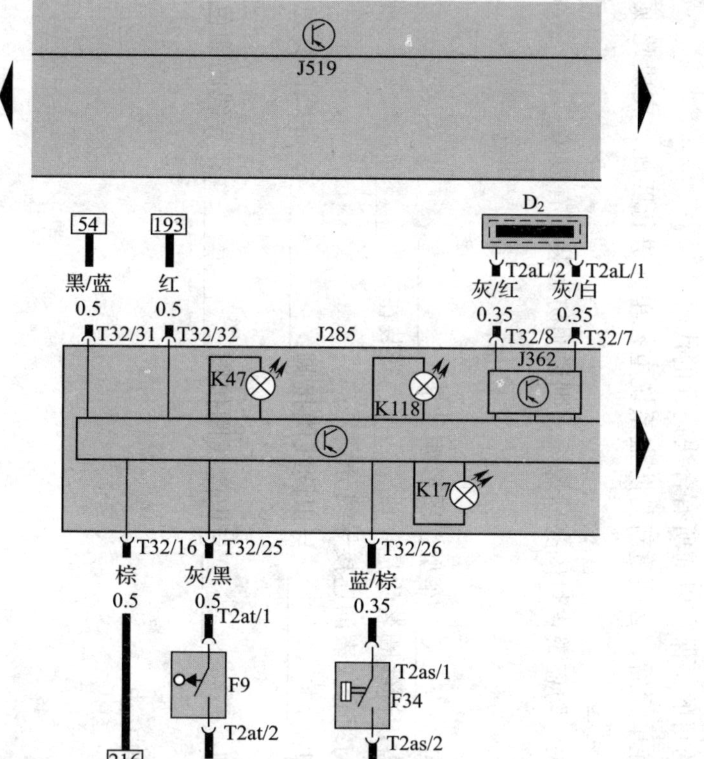

组合仪表中带显示单元的控制单元、防盗锁止系统识读线圈、驻车制动控制开关、制动液液位报警开关、防盗锁止系统控制单元、制动系统指示灯、前雾灯指示灯、ABS指示灯

D2—防盗锁止系统识读线圈，在转向柱上部，点火起动开关上
F9—驻车制动控制开关，在驻车制动杆下部
F34—制动液液位报警开关，在发动机舱左侧制动储液罐内
J285—组合仪表中带显示单元的控制单元，在仪表板左侧
J362—防盗锁止系统控制单元
J519—BCM车身控制单元，在仪表板左侧下方
K17—前雾灯指示灯
K47—ABS指示灯
K118—制动系统指示灯
T2aL—2针插头，黑色，防盗锁止系统识读线圈插头
T2as—2针插头，黑色，制动液液位报警开关插头
T2at—2针插头，黑色，驻车制动控制开关插头
T32—32针插头，蓝色，组合仪表中带显示单元的控制单元插头

课题四　汽车防碰撞系统

一、填空题

1. 汽车防碰撞系统是一种______________系统，是一种可向驾驶员预先发出试听警告信号的探测装置，主要是解决________________________________问题。

2. 汽车防碰撞系统具有_______________、防碰撞预测和_______________功能。

3. 汽车防碰撞系统由______________、控制单元和______________等部分组成。

4. 汽车防碰撞系统是根据反射波的原理工作的，在后保险杠上涂漆的区域装有______________超声波传感器，传感器______________超声波。

二、简答题

1. 简述汽车防碰撞系统的工作原理。

2. 简述读取和清除故障代码的步骤。

3. 简述倒车控制单元编码的步骤。

4．根据下图说明汽车防碰撞系统的报警范围。

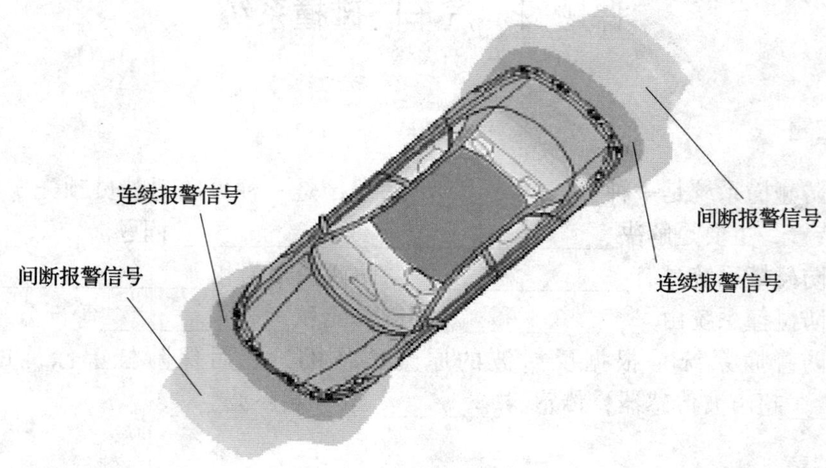

超声波传感器的检测范围

课题五　汽车自动泊车辅助系统

一、填空题

填写下图中相应的元器件名称。

1．G47＿＿＿＿＿＿＿＿＿＿　　2．E266＿＿＿＿＿＿＿＿＿＿

3．G255＿＿＿＿＿＿＿＿＿＿　　4．F416＿＿＿＿＿＿＿＿＿＿

5．J623＿＿＿＿＿＿＿＿＿＿　　6．J533＿＿＿＿＿＿＿＿＿＿

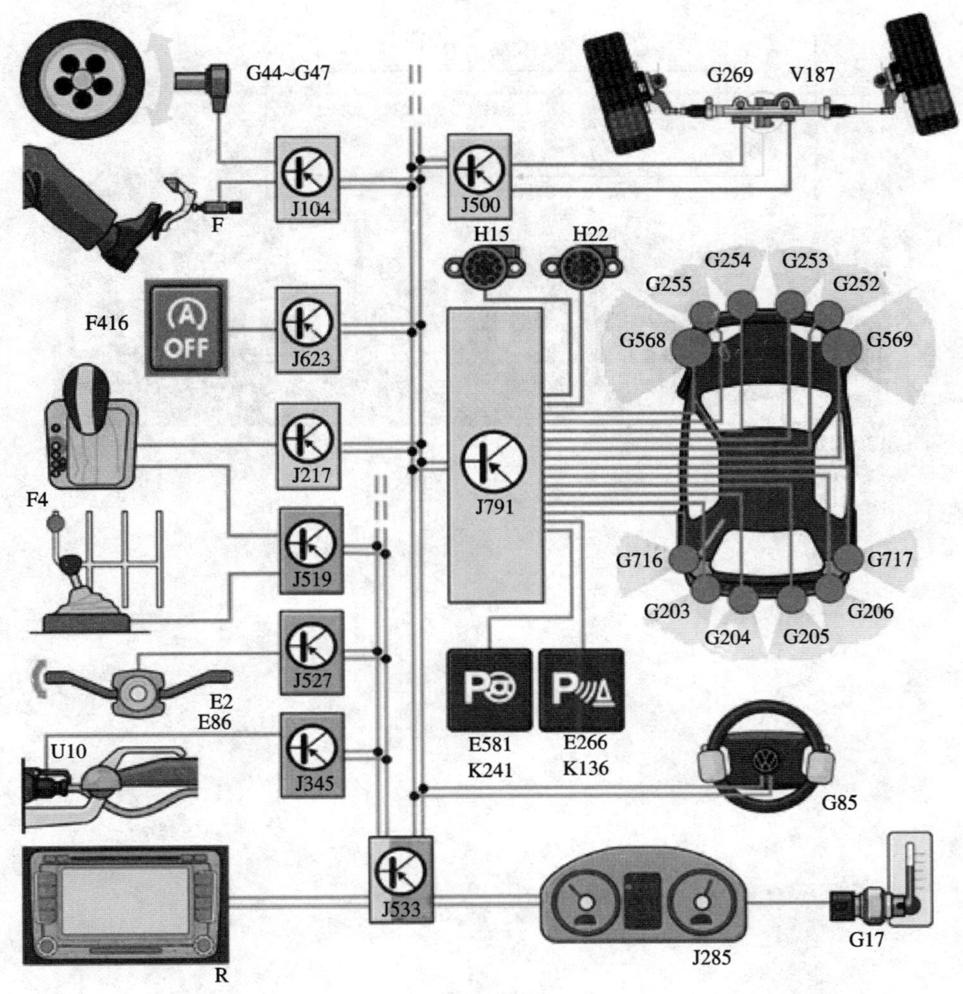

汽车自动泊车系统

二、简答题

1. 哪些因素会影响泊车位的识别?

2. 自动泊车辅助系统（PLA）的功能包括哪些?

3. 根据工作示意图，写出各个阶段的工作过程。

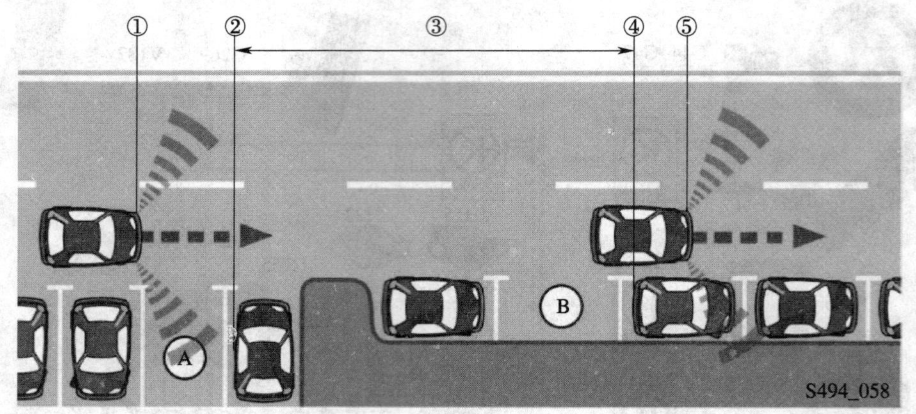

步骤①：

步骤②：

步骤③：

步骤④：

步骤⑤：

课题六　汽车巡航控制系统

一、填空题

1. 巡航控制系统又称____________，是一种利用____________保持汽车自动等速行驶的系统。

2．巡航控制系统由__________、__________、__________、__________、__________、__________等部分组成。

3．用于巡航控制的传感器主要包括__________和__________。

4．巡航控制系统的__________根据 ECU 的控制信号控制节气门的开度，以保持车速恒定。

5．当有紧急状况需要进行制动时，驾驶员踩下制动踏板，__________将制动信号传给巡航控制模块，巡航控制模块立即切断控制系统电源，取消巡航控制。

6．巡航控制开关一般采用__________开关，安装于转向盘下方。也有的采用__________开关，安装于__________。

7．__________是巡航控制系统的主电源开关，工作时只需将其推入就可以控制巡航系统电源的通断。

二、选择题

1．巡航控制系统是一种利用电子控制技术保持汽车自动（　　）行驶的系统。

A．等速　　B．等功率　　C．等油耗　　D．等传动比

2．巡航控制系统不包括（　　）。

A．巡航控制开关　　B．传感器

C．巡航控制 ECU　　D．安全带织带

3．节气门位置传感器主要用于（　　）计算输出信号与节气门开度的对应关系，以确定输出量的大小。

A．巡航控制开关　　B．ABS ECU

C．巡航控制 ECU　　D．气囊计算机

4．如果车速降至 40 km/h 以下，那么巡航控制系统会自动取消，且巡航控制 ECU 存储器内存储的设定车速将被（　　）。

A．清除　　B．储存　　C．记忆　　D．写入程序

5．巡航控制系统中的执行器按照驱动方式的不同可以分为（　　）。

A．真空驱动型和电动机驱动型　　B．真空驱动型和压力驱动型

C．永磁电机型和电动机驱动型　　D．步进电机型和压力驱动型

三、判断题

1．在紧急状况进行制动时，驾驶员踩下制动踏板也不能取消巡航控制。（　　）

2．定速巡航系统使得驾驶员不必操作加速踏板，既减轻了疲劳，同时又减少了不必要的车速变化，节省燃料。（　　）

3．巡航控制系统由巡航控制开关、传感器、巡航控制 ECU、执行器等部分组成。（　　）

4．用于巡航控制的传感器主要包括车速传感器、节气门位置传感器。（　　）

5．当车速低于 40 km/h 时，巡航车速不能被设定，巡航控制系统不能工作。（　　）

四、简答题

1. 汽车定速巡航系统的功能有哪些?

2. 汽车定速巡航系统由哪些部分组成?

3. 简述电子节气门式发动机巡航控制系统的控制原理。

4. 根据下列两图，分别叙述控制阀的工作原理。

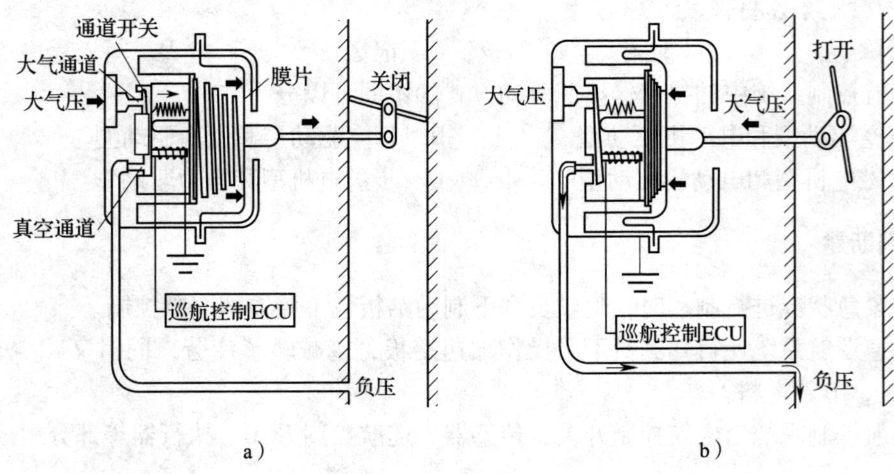

五、故障分析题

1. 故障描述：无法使用巡航控制功能。
2. 故障现象确认：________________________。
3. 分析线路图，确定故障原因。

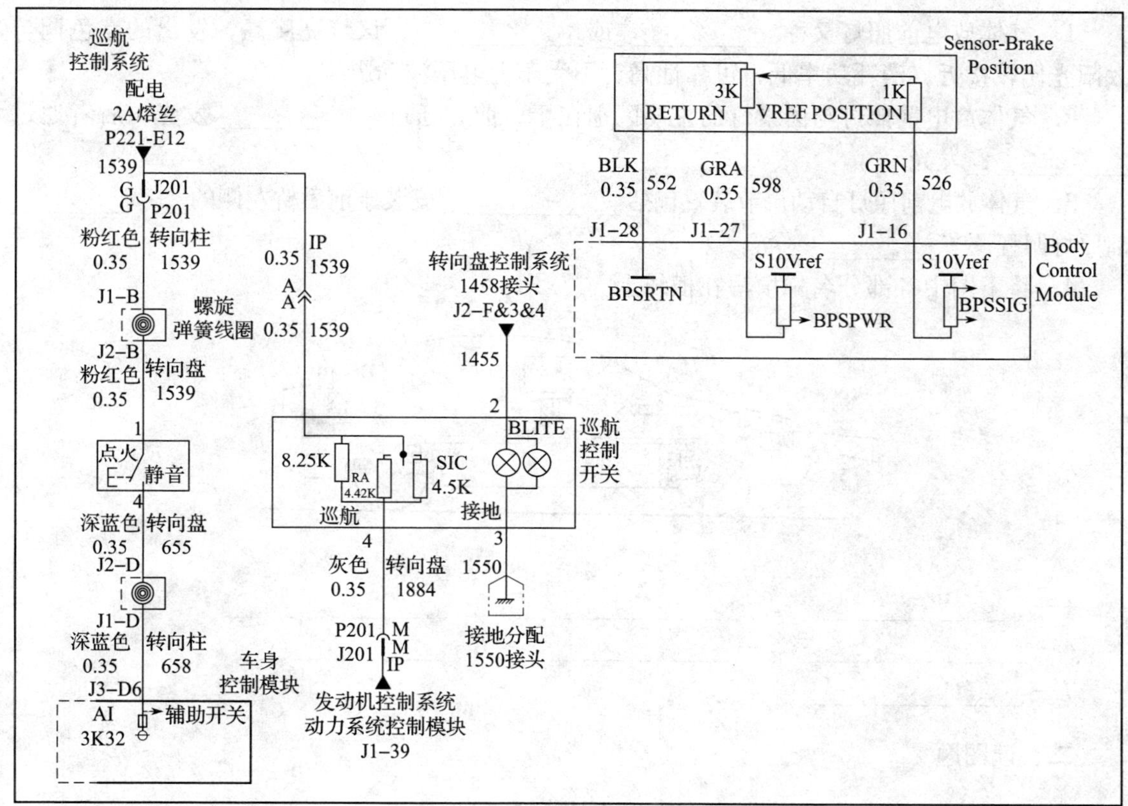

可能的故障点：

(1) ________________________

(2) ________________________

(3) ________________________

4. 实车检测，写出检测流程：

(1) ________________________

(2) ________________________

(3) ________________________

(4) ________________________

课题七　汽车前照灯自动控制系统

一、填空题

1．气体放电前照灯又称____________或____________，该灯亮度高，发出的亮色调与太阳光比较接近，消耗功率低，可靠性高，不受车上电压波动影响。

2．气体放电前照灯与卤素灯的主要区别在于，前者通过____________发光，后者通过____________发光。

3．气体放电前照灯自动调节装置包括____________、安装于前后桥左侧的____________、前照灯照程调节____________等。

4．将下图中各部分名称填写在横线上。

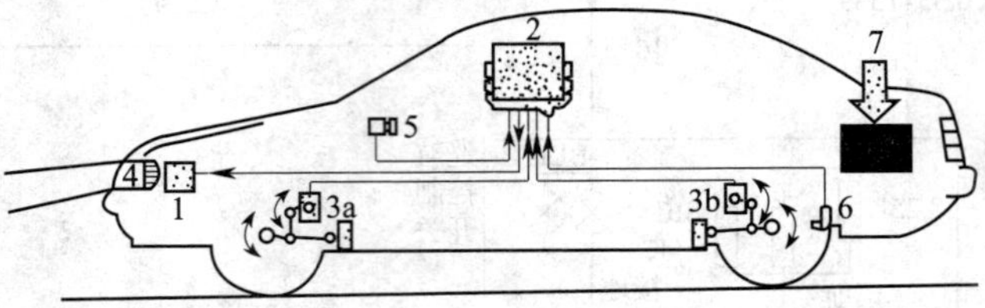

1—____________　2—____________　3—____________

4—____________　5—____________　6—____________

7—____________

二、读图题

下图是汽车前照灯自动控制电路，根据下图回答下列问题。

1．E20 是指____________，其安装位置在____________。

简述其检修方法：

____

____。

2．E102 是指____________，其安装位置在____________。

3．㊹是指____________，其安装位置在____________。

BCM车身控制单元、开关和仪表照明调节器、大灯光线水平调整调节器、制动踏板开关、制动灯开关、大灯照明距离调节器照明灯泡

E20—开关和仪表照明调节器，在仪表板左侧出风口下方，灯光开关右侧
E102—大灯光线水平调整调节器，在仪表板左侧出风口下方，灯光开关右侧
F—制动灯开关，在制动总泵上
F47—制动踏板开关，在制动总泵上
J220—Motronic发动机控制单元，在排水槽中部
J519—BCM车身控制单元，在仪表板左侧下方
L54—大灯照明距离调节器照明灯泡
T4ao—4针插头，黑色，制动灯开关插头
T8a—8针插头，黑色，开关和仪表照明调节器插头
T52a—52针插头，棕色，在BCM车身控制单元上C号位
T52c—52针插头，白色，在BCM车身控制单元上B号位
T94a—94针插头，黑色，Motronic发动机控制单元插头
(44)—接地点，在左侧A柱下部
(369)—接地连接线，在仪表板线束内
(A65)—连接线（54），在仪表板线束内

模块二　汽车 CAN 数据总线系统

课题一　汽车 CAN 数据总线系统概述

一、填空题

1. CAN 是 Controller Area Network（控制单元区域网络）的缩写，意思是控制单元通过网络交换数据。各电控单元必须使用和解读____________，即“协议”。

2. 一辆汽车不管有多少块电控单元，不管信息容量有多大，每台电控单元都引出两条线共同接在两个节点上，这两条导线就称为____________。

3. 通常汽车数据传输系统采用____________、____________和____________三套通信网络。

4. ____________的主要作用是在不同速率的两种系统中交换信息。

5. CAN 数据总线是用来传输数据的双向数据线，分为 CAN 高位（CAN—high）和____________。

二、简答题

1. 简述 CAN 数据总线的定义。

2. 简述数据传输系统的类型。

3. 简述驱动 CAN 数据传输系统的组成。

4. 简述舒适系统 CAN 数据传输系统的组成。

5. 根据下图写出数据传输结构的内容。

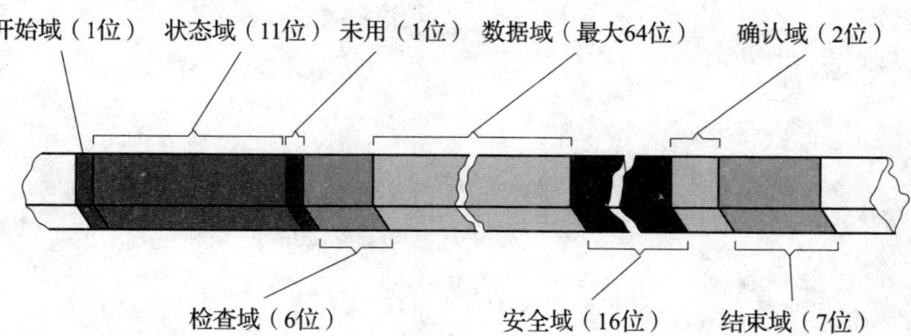

（1）开始域（1 位）：

____。

（2）状态域（11 位）：

____。

（3）检查域（6 位）：

____。

（4）数据域（最大 64 位）：

____。

（5）安全域（16 位）：

____。

（6）确认域（2 位）：

____。

（7）结束域（7 位）：

____。

课题二　汽车 CAN 数据总线系统的工作过程与原理

一、填空题

1．在舒适系统中，CAN 数据总线目前连接了舒适系统的控制单元，即中心控制单元和____________。

2．舒适系统中的 CAN 数据总线是以星状连接汇聚于一点的，其优点是即使一个控制单元失灵，其他控制单元____________。

3．舒适系统的重要优点是即使一条线路故障，仍可以改成____________运行，数据仍可被传输。

二、简答题

1．简述数据总线终端电阻的作用。

2．画出舒适/信息娱乐系统 CAN 数据总线的物理电平。

3. 根据下图写出 CAN 总线数据传递的五个过程。

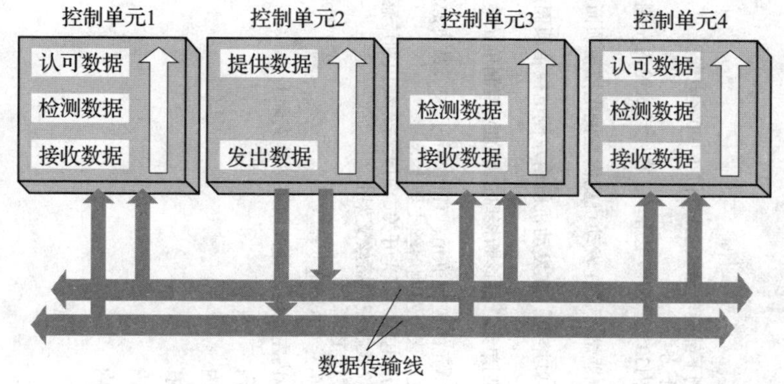

（1）____。

（2）____。

（3）____。

（4）____。

（5）____。

4. 根据下图所示的昊锐控制电路图（见图 1 ~ 图 6）完成下列问题。

昊锐　　CAN总线网络连接–信息娱乐系统和诊断电路图　　编号.27/1

CAN总线网络连接–信息娱乐系统和诊断电路图

说明

信息

♦ 继电器位置分配和熔丝位置分配

♦ 多针脚插头连接

♦ 控制单元和继电器

♦ 接地点

=> 注意在一览中的安装位置!

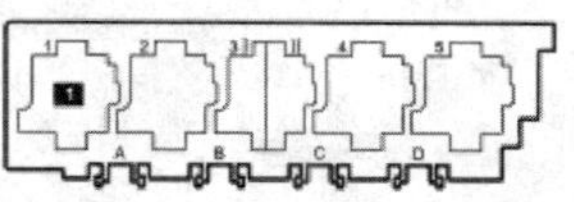

CH97–A024B

仪表板左侧下部继电器板

1 总线端15供电继电器–J329（100继电器）

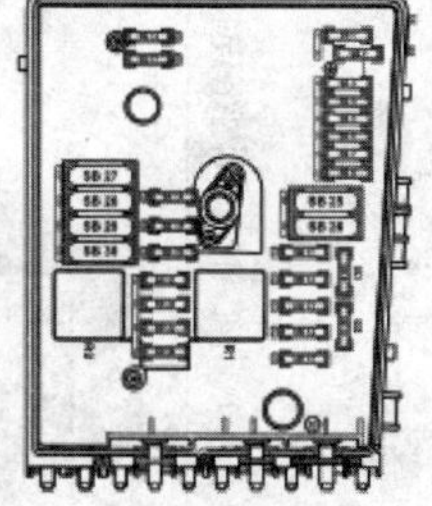

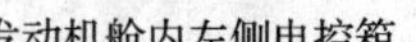

CH97–1202

发动机舱内左侧电控箱

F7 SB7–熔丝7,40A

F12 SB12–熔丝12,5A

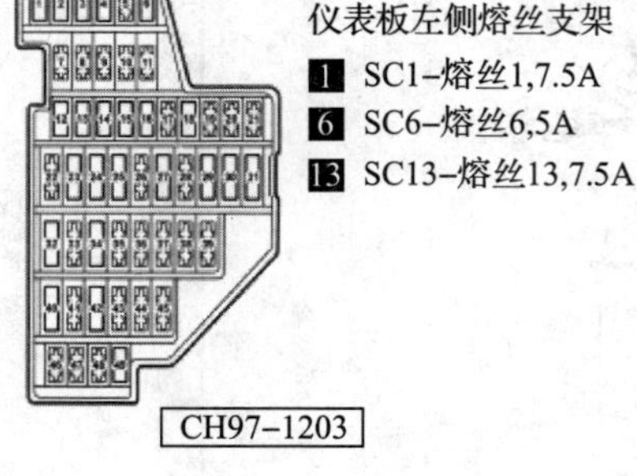

CH97–1203

仪表板左侧熔丝支架

1 SC1–熔丝1,7.5A

6 SC6–熔丝6,5A

13 SC13–熔丝13,7.5A

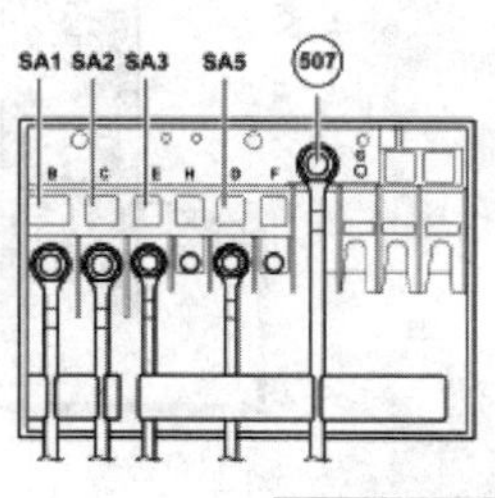

CH97–A0241

蓄电池熔丝架

D 仪表板左侧熔丝盒内30号总线供电熔丝–SA5，80A

(507)—正极螺栓连接点（30）

图 1

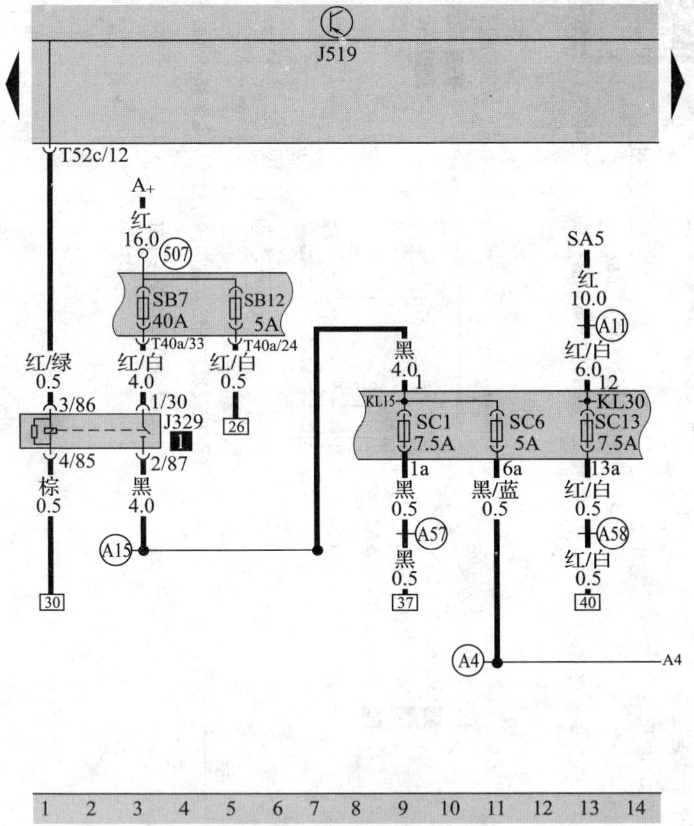

BCM车身控制单元、总线端15供电继电器

A—蓄电池
J329—总线端15供电继电器，在仪表板左侧下部继电器板上1号位（100继电器）
J519—BCM车身控制单元，在仪表板左侧下方
SA5—熔丝5，80安培，仪表板左侧熔丝盒内30号总线供电熔丝，在发动机舱内左侧电控箱前面D号位
SB7—熔丝7，40安培，总线端15供电继电器熔丝，在发动机舱内左侧电控箱顶面熔丝架上
SB12—熔丝12，5安培，数据总线诊断接口熔丝，在发动机舱内左侧电控箱顶面熔丝架上
SC1—熔丝1，7.5安培，Motronic发动机控制单元、自诊断接口、燃油泵控制单元熔丝，在仪表板左侧熔丝支架上
SC6—熔丝6，5安培，组合仪表中带显示单元的控制单元、Tiptronic开关、数据总线诊断接口、转向辅助控制单元熔丝，在仪表板左侧熔丝支架上
SC13—熔丝13，7.5安培，可加热后窗玻璃继电器、灯光开关、雨天与光线识别传感器、自诊断接口、数字钟熔丝，在仪表板左侧熔丝支架上
T40a—40针插头，黑色，在发动机舱内左侧电控箱上
T52c—52针插头，白色，在BCM车身控制单元上B号位
(507)—正极螺栓连接点（30），在发动机舱内左侧电控箱前面主熔丝支架上
(A4)—正极连接线（15a），在仪表板线束内
(A11)—正极连接线（30a），在仪表板线束内
(A15)—正极连接线（15），在仪表板线束内
(A58)—正极连接线（30a），在仪表板线束内
(A57)—正极连接线（15a），在仪表板线束内

图 2

昊锐　CAN总线网络连接–信息娱乐系统和诊断电路图　编号.27/3

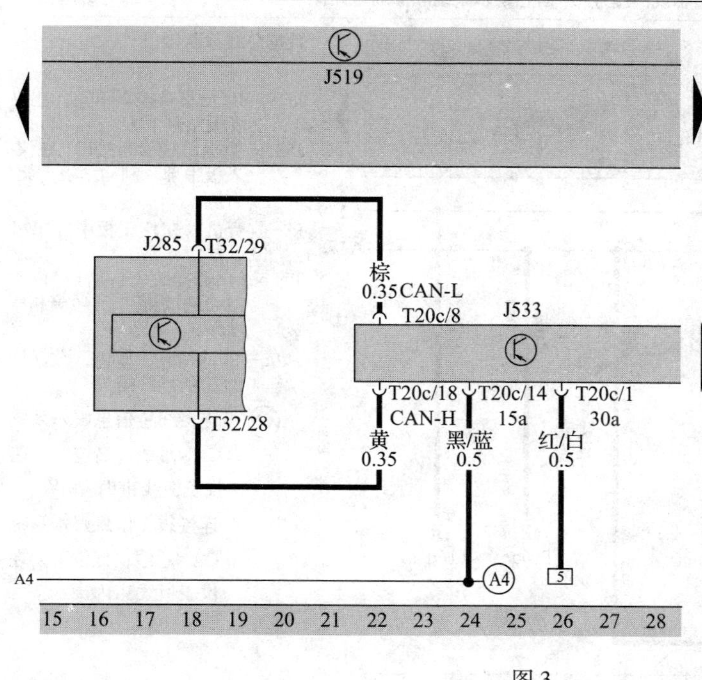

组合仪表中带显示单元的控制单元、数据总线诊断接口

J285—组合仪表中带显示单元的控制单元，在仪表板左侧

J519—BCM车身控制单元，在仪表板左侧下方

J533—数据总线诊断接口，在仪表板中部，制动踏板支架右侧

T20c—20针插头，蓝色，数据总线诊断接口插头

T32—32针插头，蓝色，组合仪表中带显示单元的控制单元插头

(A4)—正极连接线（15a），在仪表板线束内

图 3

昊锐　CAN总线网络连接–信息娱乐系统和诊断电路图　编号.27/4

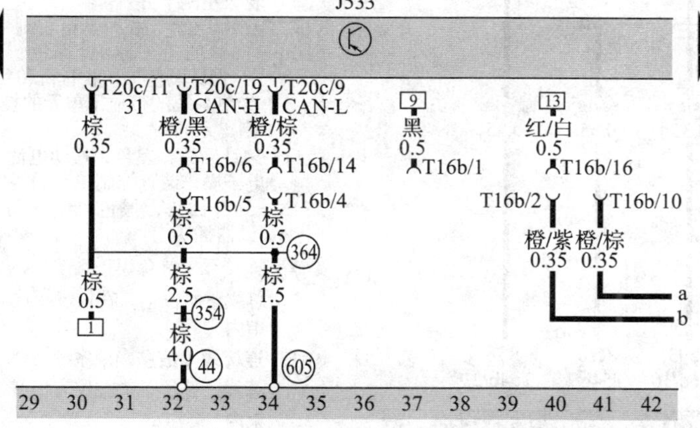

数据总线诊断接口、自诊断接口插头

J519—BCM车身控制单元，在仪表板左侧下方

J533—数据总线诊断接口，在仪表板中部，制动踏板支架右侧

T16b—16针插头，黑色，自诊断接口插头，在仪表板左侧，杂物箱下部

T20c—20针插头，蓝色，数据总线诊断接口插头

(44)—接地点，在左侧A柱下部

(354)—接地连接线，在仪表板线束内

(364)—接地连接线，在仪表板线束内

(605)—接地点，在转向柱中部

图 4

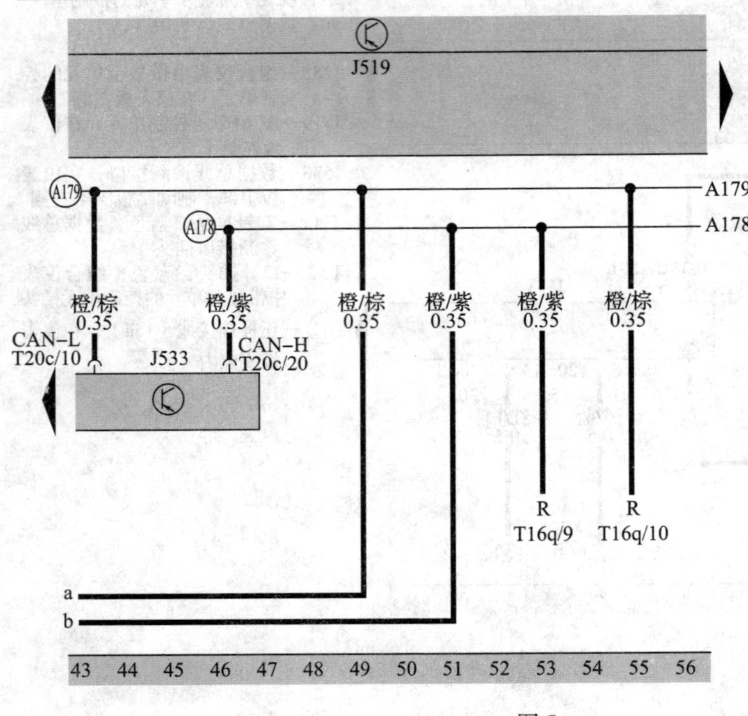

数据总线诊断接口

J519—BCM车身控制单元，在仪表板左侧下方

J533—数据总线诊断接口，在仪表板中部，制动踏板支架右侧

R—收音机，在仪表板中部出风口下方

T16q—16针插头（1~8针棕色，9~16针黑色），收音机插头

T20c—20针插头，蓝色，数据总线诊断接口插头

A178—连接线（信息娱乐系统CAN总线，高位），在仪表板线束内

A179—连接线（信息娱乐系统CAN总线，低位），在仪表板线束内

图 5

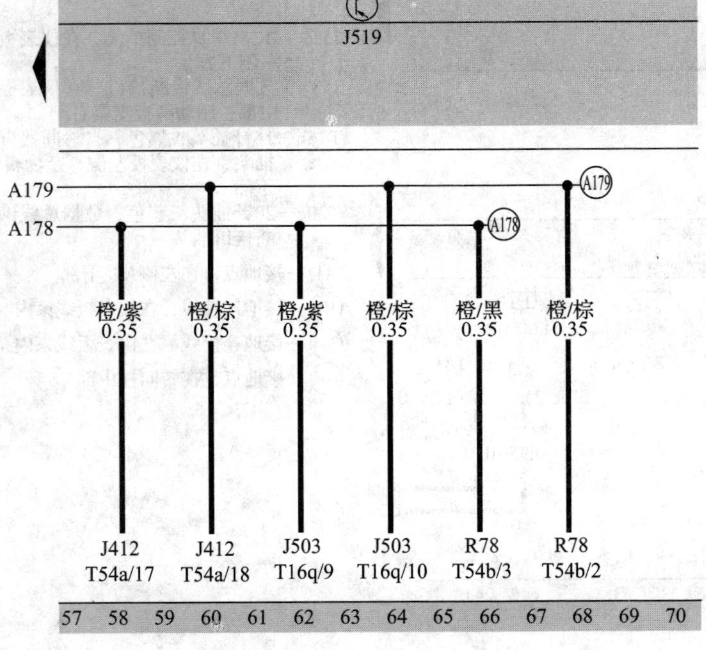

控制单元

J412—移动电话电子操作装置控制单元，在前座乘客座椅下方

J503—收音机和导航系统的带显示单元的控制单元，在仪表板中部出风口下方

J519—BCM车身控制单元，在仪表板左侧下方

R78—电视调速器，在行李箱右侧

T16q—16针插头（1~8针棕色，9~16针黑色），收音机和导航系统的带显示单元的控制单元插头

T54a—54针插头，黑色，移动电话电子操作装置控制单元插头

T54b—54针插头，黑色，电视调谐器插头

A178—连接线（信息娱乐系统CAN总线，高位），在仪表板线束内

A179—连接线（信息娱乐系统CAN总线，低位），在仪表板线束内

图 6

（1）写出下表所示代号的含义及安装位置。

序号	代号	含义	安装位置
1	A		
2	J329		
3	J519		
4	J533		
5	㊹		
6	J285		
7	SB7		
8	SC1		
9	CAN－L		
10	CAN－H		
11	T16b		
12	T20c		

（2）画出网关与 J285、T16B 的控制线路。

课题三　汽车 CAN 数据总线系统常见故障与检修

一、填空题

1. 一般来说，引起汽车多路信息传输系统故障的原因有三种：一是__________，该类型故障一般是由汽车电源系统引起的；二是汽车多路信息传输系统的__________；三是汽车多路信息传输系统的__________。

2. 测量终端电阻时，需要 CAN 系统断电__________以上。

3. 当汽车多路信息传输系统的__________出现故障时，如通信线路的短路、断路以及线路物理性质引起的通信信号衰减或失真，都会引起多个电控单元无法工作或__________

______。

4．节点是汽车多路信息传输系统中的电控模块，因此节点故障就是____________的故障。如果有节点故障，就将使得____________无法工作。

二、故障分析题

1．故障A

（1）故障描述：车辆无法启动，解码仪KT600无法与车辆通信。

（2）故障现象确认：________________________________。

（3）画出故障波形。

（4）分析线路图，确定故障原因（见图1～图6）。

可能故障点：

1）____

2）____

3）____

4）____

5）____

6）____

（5）实车检测，写出检测流程。

1）____

2）____

3）____

4）____

2．故障B

（1）故障描述：车辆无法启动，解码仪KT600无法与仪表通信。

（2）故障现象确认：________________________________。

（3）画出故障波形。

（4）分析线路图，确定故障原因（见图1～图6）。

可能故障点：

1）________________

2）________________

3）________________

4）________________

5）________________

6）________________

（5）实车检测，写出检测流程。

1）________________

2）________________

3）________________

4）________________

控制电路如下所示：

CAN总线网络连接–信息娱乐系统和诊断电路图

说明

信息

- 继电器位置分配和熔丝位置分配
- 多针脚插头连接
- 控制单元和继电器
- 接地点

=> 注意在一览中的安装位置！

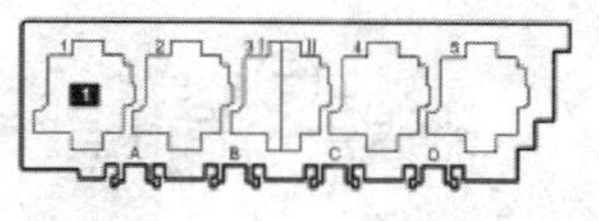

仪表板左侧下部继电器板

1 总线端15供电继电器–J329（100继电器）

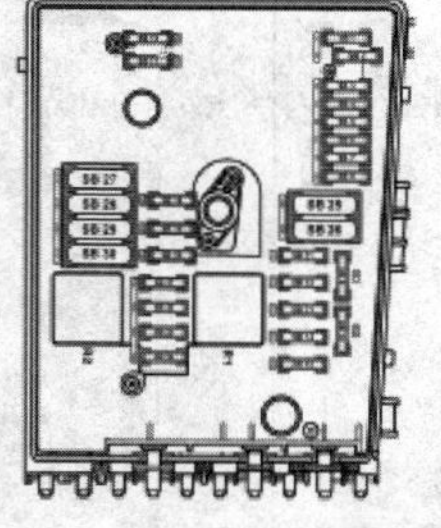

发动机舱内左侧电控箱

F7 SB7–熔丝7,40A

F12 SB12–熔丝12,5A

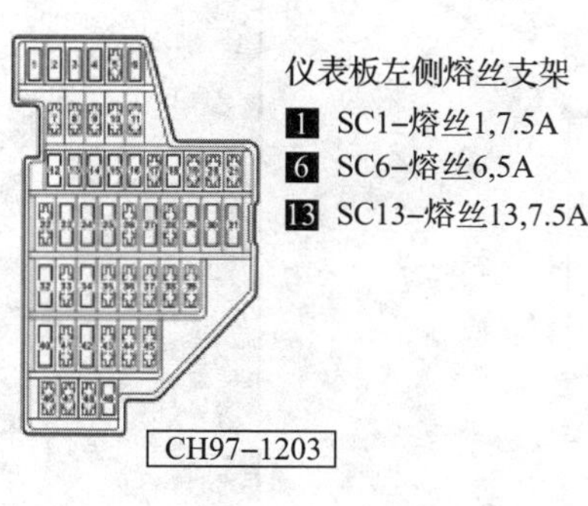

仪表板左侧熔丝支架

1 SC1–熔丝1,7.5A

6 SC6–熔丝6,5A

13 SC13–熔丝13,7.5A

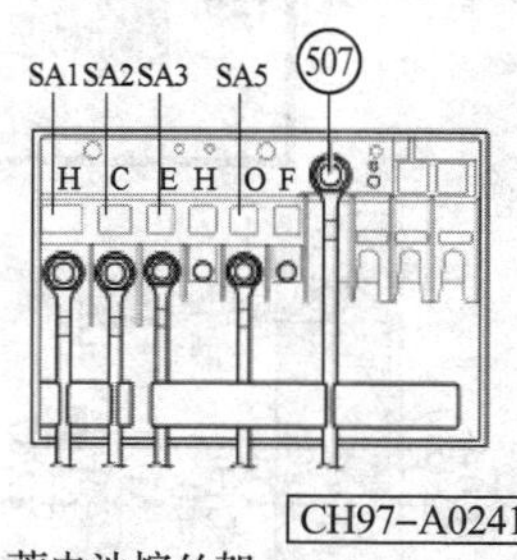

蓄电池熔丝架

D 仪表板左侧熔丝盒内30号总线供电熔丝–SA5，80A

507—正极螺栓连接点（30）

图1

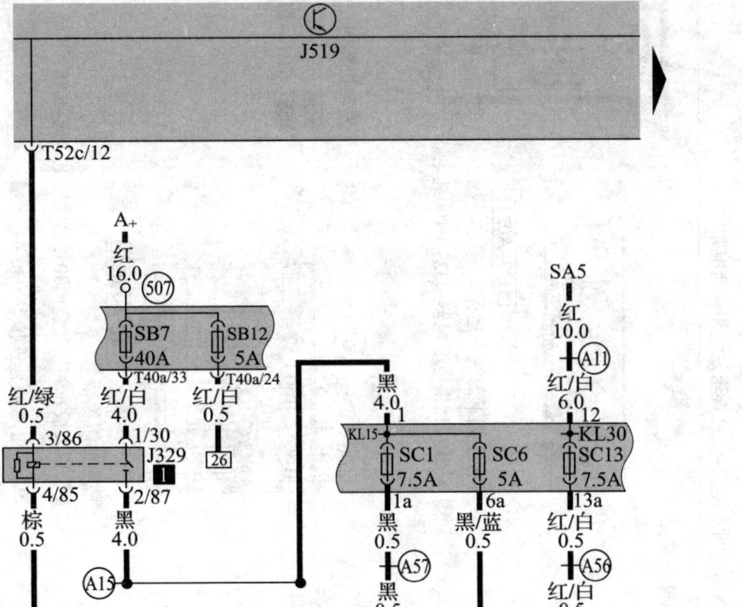

BCM车身控制单元、总线端15供电继电器

A—蓄电池

J329—总线端15供电继电器，在仪表板左侧下部继电器板上1号位（100继电器）

J519—BCM车身控制单元，在仪表板左侧下方

SA5—熔丝5，80安培，仪表板左侧熔丝盒内30号总线供电熔丝，在发动机舱内左侧电控箱前面D号位

SB7—熔丝7，40安培，总线端15供电继电器熔丝，在发动机舱内左侧电控箱顶面熔丝架上

SB12—熔丝12，5安培，数据总线诊断接口熔丝，在发动机舱内左侧电控箱顶面熔丝架上

SC1—熔丝1，7.5安培，Motronic发动机控制单元、自诊断接口、燃油泵控制单元保险丝，在仪表板左侧熔丝支架上

SC6—熔丝6，5安培，组合仪表中带显示单元的控制单元、Tiptronic开关、数据总线诊断接口、转向辅助控制单元熔丝，在仪表板左侧保险丝支架上

SC13—熔丝13，7.5安培，可加热后窗玻璃继电器、灯光开关、雨天与光线识别传感器、自诊断接口、数字钟熔丝，在仪表板左侧保险丝支架上

T40a—40针插头，黑色，在发动机舱内左侧电控箱上

T52c—52针插头，白色，在BCM车身控制单元上B号位

(507)—正极螺栓连接点（30），在发动机舱内左侧电控箱前面主熔丝支架上

(A4)—正极连接线（15a），在仪表板线束内

(A11)—正极连接线（30a），在仪表板线束内

(A15)—正极连接线（15），在仪表板线束内

(A56)—正极连接线（30a），在仪表板线束内

(A57)—正极连接线（15a），在仪表板线束内

图 2

昊锐　CAN总线网络连接–信息娱乐系统和诊断电路图　编号.27/3

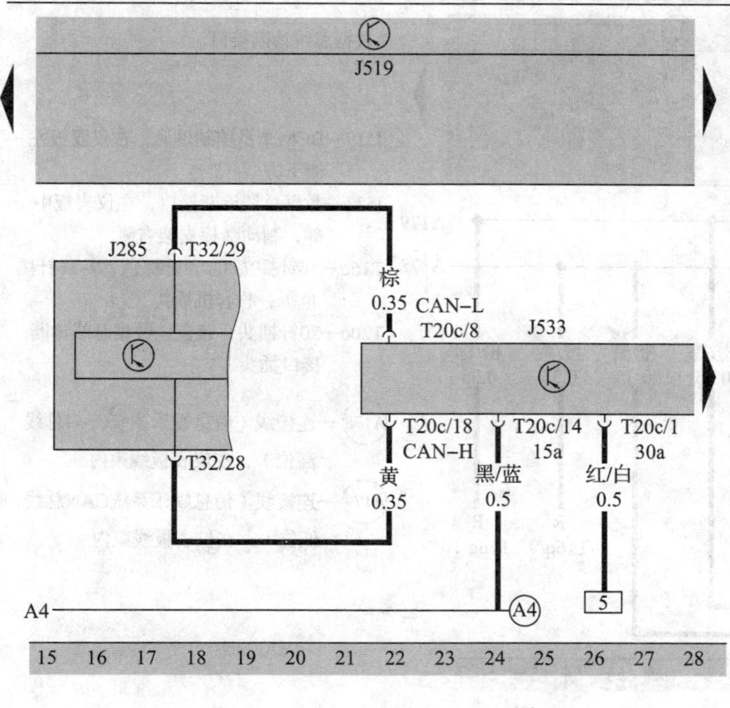

组合仪表中带显示单元的控制单元、数据总线诊断接口

J285—组合仪表中带显示单元的控制单元，在仪表板左侧

J519—BCM车身控制单元，在仪表板左侧下方

J533—数据总线诊断接口，在仪表板中部，制动踏板支架右侧

T20c—20针插头，蓝色，数据总线论断接口插头

T32—32针插头，蓝色，组合仪表中带显示单元的控制单元插头

(A4)—正极连接线（15a），在仪表板线束内

图 3

昊锐　CAN总线网络连接–信息娱乐系统和诊断电路图　编号.27/4

数据总线诊断接口、自诊断接口插头

J519—BCM车身控制单元，在仪表板左侧下方

J533—数据总线诊断接口，在仪表板中部，制动踏板支架右侧

T16b—16针插头，黑色，自诊断接口插头，在仪表板左侧，杂物箱下部

T20c—20针插头，蓝色，数据总线诊断接口插头

(44)—接地点，在左侧A柱下部

(354)—接地连接线，在仪表板线束内

(366)—接地连接线，在仪表板线束内

(605)—接地点，在转向柱中部

图 4

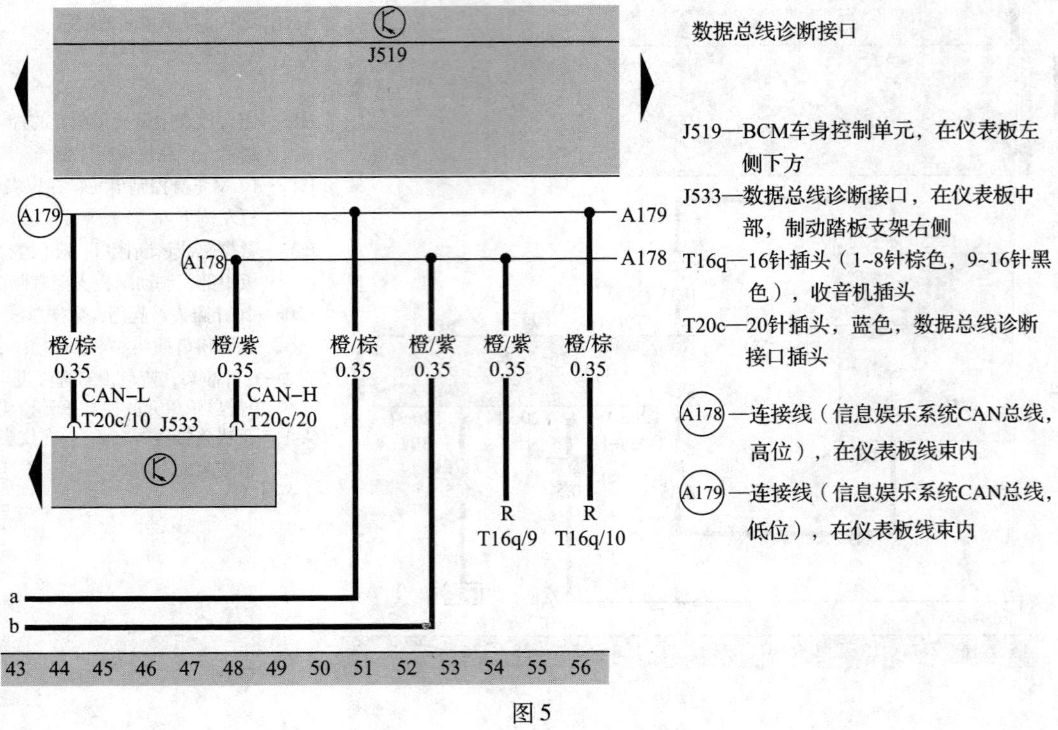

数据总线诊断接口

J519—BCM车身控制单元，在仪表板左侧下方

J533—数据总线诊断接口，在仪表板中部，制动踏板支架右侧

T16q—16针插头（1~8针棕色，9~16针黑色），收音机插头

T20c—20针插头，蓝色，数据总线诊断接口插头

(A178)—连接线（信息娱乐系统CAN总线，高位），在仪表板线束内

(A179)—连接线（信息娱乐系统CAN总线，低位），在仪表板线束内

图 5

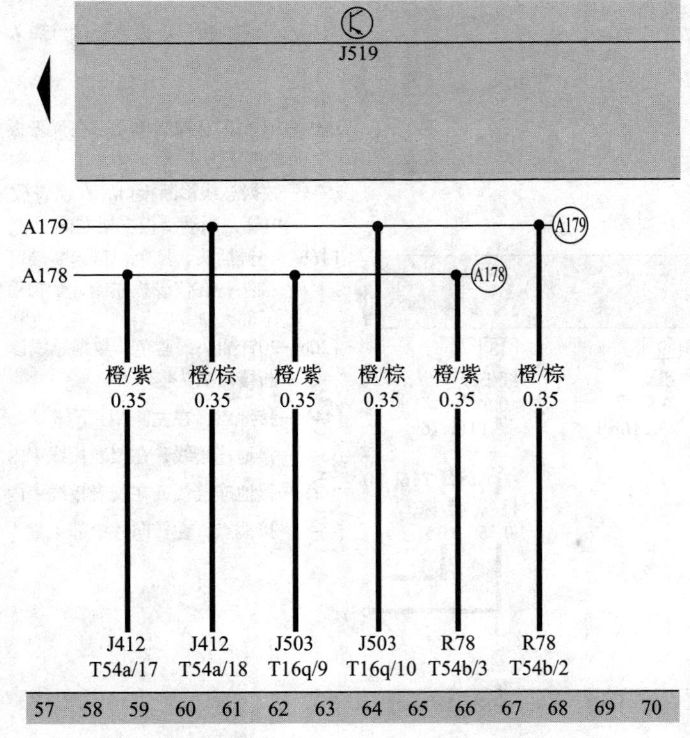

控制单元

J412—移动电话电子操作装置控制单元，在前座乘客座椅下方

J503—收音机和导航系统的带显示单元的控制单元，在仪表板中部风口下方

J519—BCM车身控制单元，在仪表板左侧下方

R78—电视调谐器，在行李箱右侧

T16q—16针插头（1~8针棕色，9~16针黑色），收音机和导航系统的带显示单元的控制单元插头

T54a—54针插头，黑色，移动电话电子操作装置控制单元插头

T54b—54针插头，黑色，电视调谐器插头

(A178)—连接线（信息娱乐系统CAN总线，高位），在仪表板线束内

(A179)—连接线（信息娱乐系统CAN总线，低位），在仪表板线束内

图 6

模块三　汽车电控舒适系统

课题一　汽车电控舒适系统概述

一、填空题

1．汽车电控舒适系统主要包括中央门锁控制系统、______________、______________、______________、______________、______________和______________等。

2．PASSAT 领驭轿车的中央门锁控制系统主要由________________、_______________、____________、油箱盖开启开关、行李箱锁电动机、油箱盖开启电动机和中央闭锁系统警告灯组成。

二、简答题

1．简述汽车电控舒适系统的组成。

2．结合下图，简述中央门锁控制系统的功能。

3. 结合下图，简述门锁装置的工作原理。

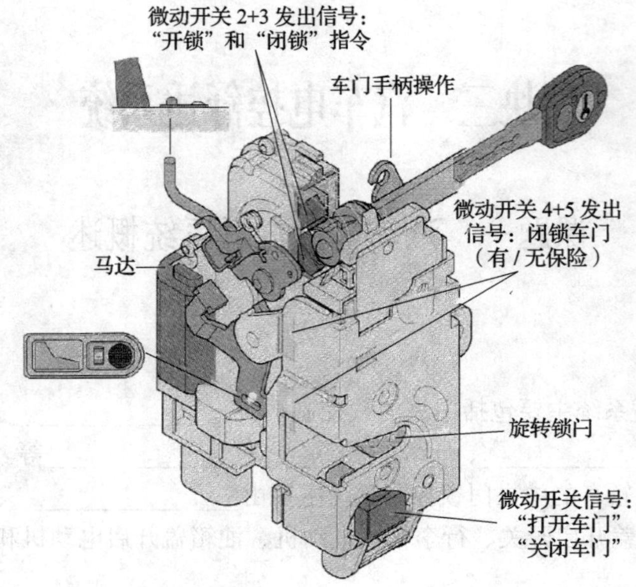

课题二 中央门锁控制系统

一、填空题

1. 一般中央控制电动门锁的功能为____________、____________、____________、____________、____________、____________、____________、自动功能、后车门儿童安全锁止功能、防盗功能。

2. 中央控制门锁的结构主要包括____________、____________、____________。

二、故障分析题

1. 故障描述：中控门锁不工作。
2. 请按下列顺序逐一检查中控门锁、防盗系统各项功能。

步骤	操作	正常结果
1	1．从点火开关锁芯中拔出钥匙 2．关闭所有车门 3．观察所有车门，同时将驾驶员侧门锁开关按到如下位置：LOCK锁止、UNLOCK开锁 4．观察所有车门，同时将乘客侧门锁开关按到如下位置：LOCK锁止、UNLOCK开锁	按任一门锁开关时所有车门锁止，然后再打开
2	按如下步骤测试锁止功能： 1．将所有车窗降到底 2．将点火钥匙插入锁芯并保持在LOCK锁止位置 3．打开驾驶员车门 4．将钥匙保留在点火开关中 5．对于G2.5，GL2.5，GS3.0，GS+，确信自动锁止/开锁处于模式1 6．按动门锁开关LOCK锁止按钮，并观察门锁 7．关闭驾驶员车门 8．打开左后车门 9．将手伸入驾驶员侧窗开口并按车门开关上的锁止按钮，观察门锁 10．打开右前车门 11．按门锁开关锁止按钮，并观察门锁 12．关闭右前车门 13．打开右后车门 14．将手伸入右前窗开口并按车门开关上的锁止按钮，观察门锁 15．打开右前车门 16．按门锁开关锁止按钮并保持3 s，观察门锁	车门是否在如下条件下不锁止：按任一门锁开关上的LOCK锁止按钮，点火钥匙在锁芯中，一个车门打开

3．故障现象确认：________________________________。

4．故障部位确认：________________________________。

5．故障检测方法：

6．分析电路图，确定故障原因（见图1～图4）。

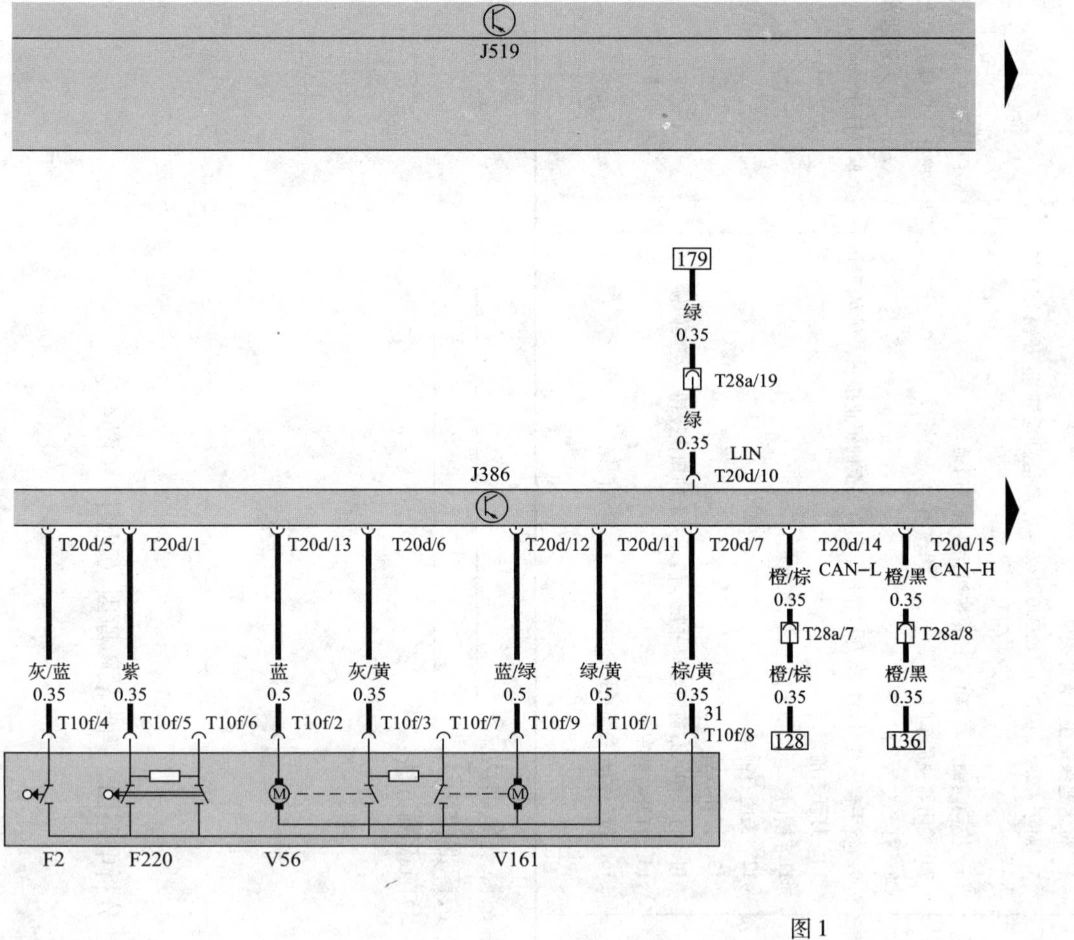

图 1

驾驶员侧车门控制单元、驾驶员侧中央门锁闭锁单元、驾驶员侧车门接触开关、驾驶员车门中央门锁马达

F2—驾驶员侧车门接触开关，在驾驶员侧车门内
F220—驾驶员侧中央门锁闭锁单元，在驾驶员侧车门内
J386—驾驶员侧车门控制单元，在驾驶员侧车门内
J519—BCM车身控制单元，在仪表板左侧下方
T10f—10针插头，黑色，驾驶员侧中央门锁闭锁单元插头
T20d—20针插头，黑色，驾驶员侧车门控制单元插头
T28a—28针插头，黑色，在左A柱中部
V56—驾驶员侧车门中央门锁马达，在驾驶员侧车门内
V161—驾驶员侧车门中央门锁马达（Safe），在驾驶员侧车门内

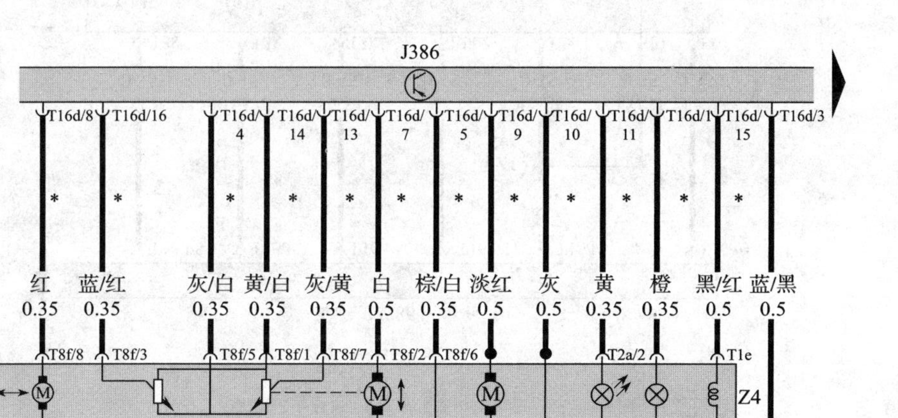

图 2

驾驶员侧车门控制单元、驾驶员侧外后视镜调节马达、驾驶员侧外后视镜折叠马达、驾驶员侧可加热车外后视镜、驾驶员侧车外后视镜内的登车照明灯、驾驶员侧外后视镜转向信号灯灯泡

J386—驾驶员侧车门控制单元，在驾驶员侧车门内

J519—BCM车身控制单元，在仪表板左侧下方

L131—驾驶员侧外后视镜转向信号灯灯泡，在驾驶员侧后视镜内

T1e—1针插头，驾驶员侧可加热车外后视镜插头

T1f—1针插头，驾驶员侧可加热车外后视镜插头

T2a—2针插头，白色，驾驶员侧外后视镜转向信号灯灯泡插头

T8f—8针插头，绿色，驾驶员侧外后视镜调节马达插头

T16d—16针插头，黑色，驾驶员侧车门控制单元插头

V17—驾驶员侧外后视镜调节马达，在驾驶员侧外后视镜内

V121—驾驶员侧外后视镜折叠马达，在驾驶员侧外后视镜内

V149—驾驶员侧外后视镜调节马达，在驾驶员侧外后视镜内

W52—驾驶员侧车外后视镜内的登车照明灯，在驾驶员侧外后视镜内

Z4—驾驶员侧可加热车外后视镜，在驾驶员侧外后视镜内

Z1—连接线，在后视镜线束内

* —用于装备带记忆功能外后视镜的车型

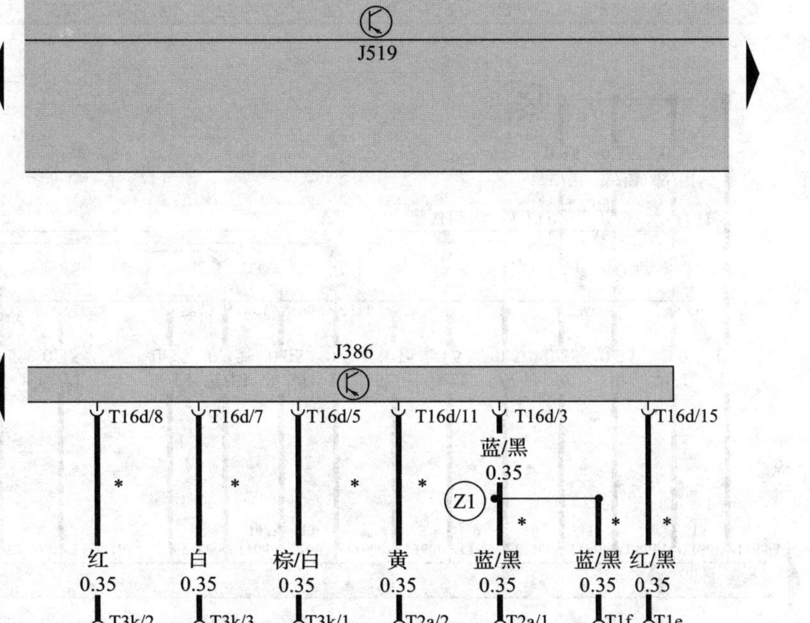

图 3

驾驶员侧车门控制单元、驾驶员侧外后视镜调节马达、驾驶员侧可加热车外后视镜、驾驶员侧外后视镜转向信号灯灯泡

J386—驾驶员侧车门控制单元，在驾驶员侧车门内

J519—BCM车身控制单元，在仪表板左侧下方

L131—驾驶员侧外后视镜转向信号灯灯泡，在驾驶员侧后视镜内

T1e—1针插头，驾驶员侧可加热车外后视镜插头

T1f—1针插头，驾驶员侧可加热车外后视镜插头

T2a—2针插头，白色，驾驶员侧外后视镜转向信号灯灯泡插头

T3k—3针插头，黑色，驾驶员侧外后视镜调节马达插头

T16d—16针插头，黑色，驾驶员侧车门控制单元插头

V17—驾驶员侧外后视镜调节马达，在驾驶员侧外后视镜内

V149—驾驶员侧外后视镜调节马达，在驾驶员侧外后视镜内

Z4—驾驶员侧可加热车外后视镜，在驾驶员侧外后视镜内

(Z1)—连接线，在后视镜线束内

* —用于装备电动调节外后视镜的车型

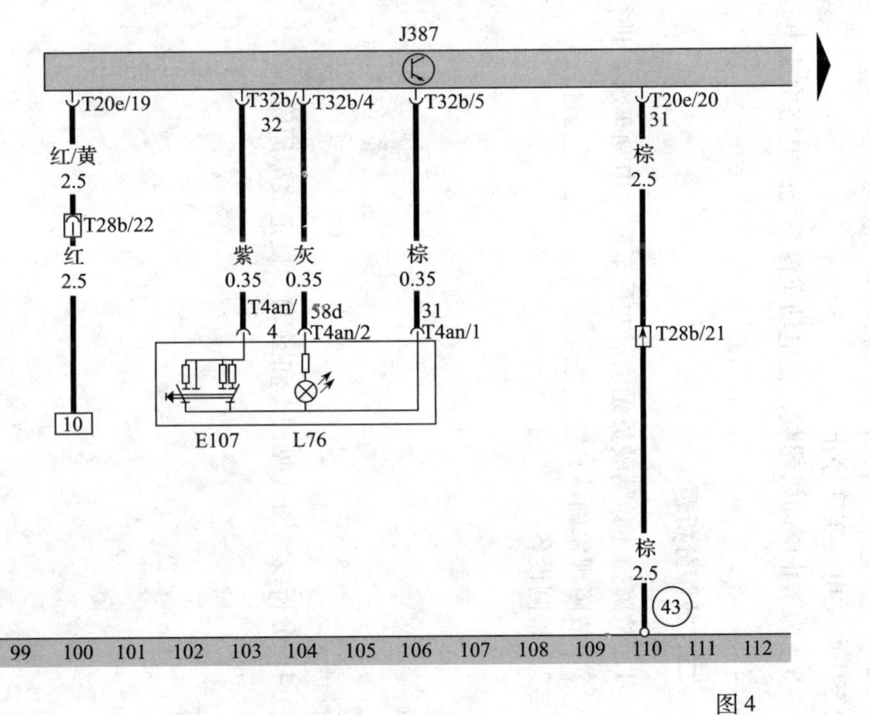

图 4

前座乘员侧车门控制单元、前座乘员侧升降器开关、按钮照明

E107—前座乘员侧升降器开关，在前座乘员侧车门上

J387—前座乘员侧车门控制单元，在前座乘员侧车门内

J519—BCM车身控制单元，在仪表板左侧下方

L76—按钮照明

T4an—4针插头，黑色，前座乘员侧升降器开关插头

T20e—20针插头，黑色，前座乘员侧车门控制单元插头

T28b—28针插头，黑色，在右A柱中部

T32b—32针插头，蓝色，前座乘员侧车门控制单元插头

(43)—接地点，在右侧A柱下部

可能故障点：

(1) ______________________________

(2) ______________________________

(3) ______________________________

(4) ______________________________

(5) ______________________________

(6) ______________________________

课题三　电动车窗系统

一、填空题

1. 汽车电动车窗一般由______________、______________、______________、______________等组成。

2. 车窗升降器接近止点时，首先克服__________，此时电动机电流增大，加热电动机里的__________；当到达止点时，电流进一步__________，直至双金属片进一步变形乃至中断供电，实现停止。

3. 为防止电动机超载，在电动车窗系统的电路中或电动机内一般要设有____________________。

二、故障分析题

1. 故障描述：驾驶员无法对左后车窗（电动车窗）进行控制。

2. 故障现象确认：________________________。

3. 检测设备：

4. 分析线路图（见图 1 和图 2），确定故障原因。

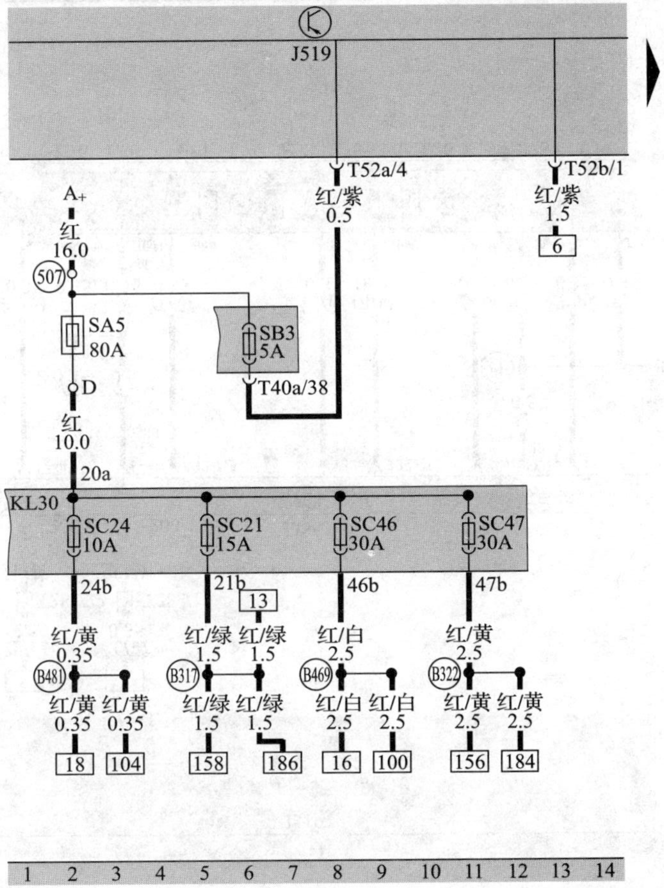

J519
T52a/4 红/紫 0.5
T52b/1 红/紫 1.5 6
A+ 红 16.0 507
SA5 80A
SB3 5A
T40a/38
D 红 10.0 20a
KL30
SC24 10A　SC21 15A　SC46 30A　SC47 30A
24b 红/黃 0.35 B481 红/黄 0.35 红/黄 0.35 18 104
21b 13 红/绿 1.5 红/绿 1.5 B317 红/绿 1.5 红/绿 1.5 158 186
46b 红/白 2.5 B469 红/白 2.5 红/白 2.5 16 100
47b 红/黄 2.5 B322 红/黄 2.5 红/黄 2.5 156 184
1 2 3 4 5 6 7 8 9 10 11 12 13 14

BCM车身控制单元

A —蓄电池
J519—BCM车身控制单元，在仪表板左侧下方
SA5—熔丝5，80安培，仪表板左侧下方熔丝盒内30号总线供电熔丝，在发动机舱内左侧电控箱前面熔丝架上D号位
SB3—熔丝3，5安培，BCM车身控制单元熔丝，在发动机舱内左侧电控箱顶面熔丝架上
SC21—熔丝21，15安培，BCM车身控制单元，后车门控制单元熔丝，在仪表板左侧下方熔丝支架上
SC24—熔丝24，10安培，前车门控制单元熔丝，在仪表板左侧下方熔丝支架上
SC46—熔丝46，30安培，前车窗升降器马达熔丝，在仪表板左侧下方熔丝支架上
SC47—熔丝47，30安培，后车窗升降器马达熔丝，在仪表板左侧下方熔丝支架上
T40a—40针插头，黑色，在发动机舱内左侧电控箱下面
T52a—52针插头，黑色，在BCM车身控制单元上A号位
T52b—52针插头，白色，在BCM车身控制单元上B号位
507—正极螺栓连接点（30），在发动机舱内左侧电控箱前面熔丝架上
B317—正极连接线（30a），在主导线束中
B322—正极连接线（30a），在主导线束中
B469—连接线，在主导线束中
B481—连接线，在主导线束中

图 1

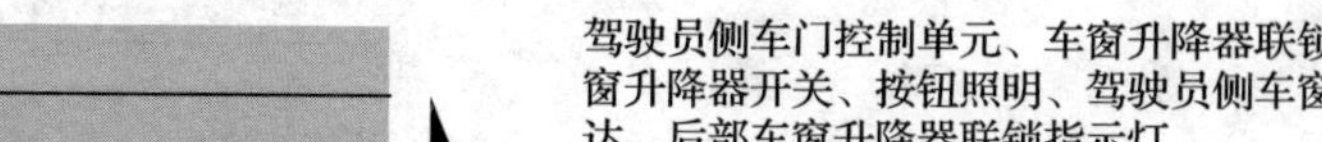

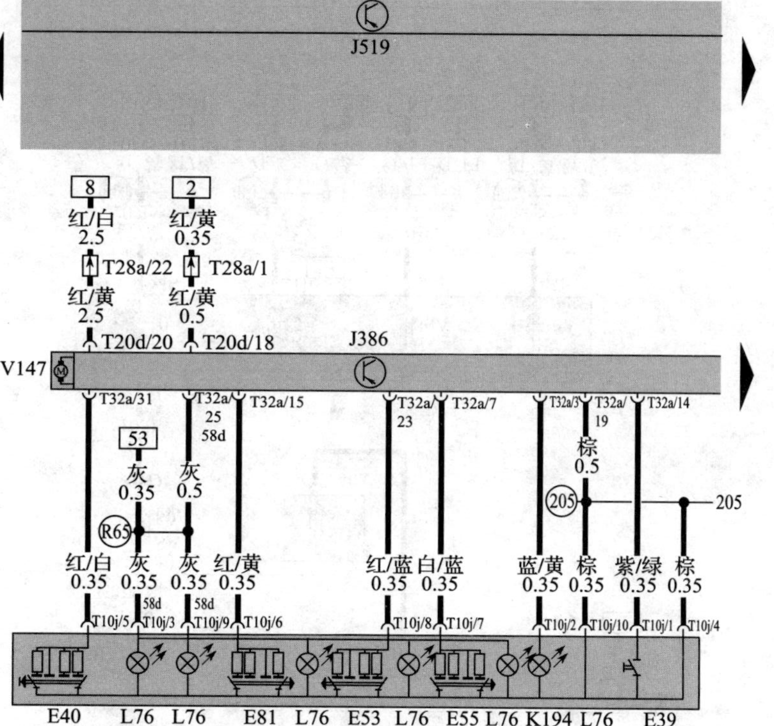

图 2

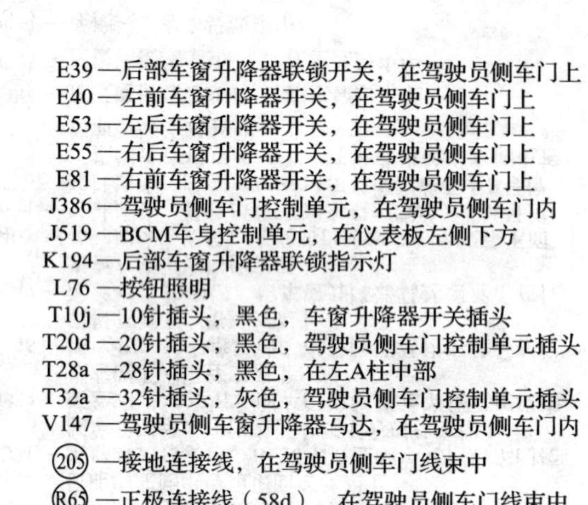

驾驶员侧车门控制单元、车窗升降器联锁开关、车窗升降器开关、按钮照明、驾驶员侧车窗升降器马达、后部车窗升降器联锁指示灯

E39 —后部车窗升降器联锁开关，在驾驶员侧车门上
E40 —左前车窗升降器开关，在驾驶员侧车门上
E53 —左后车窗升降器开关，在驾驶员侧车门上
E55 —右后车窗升降器开关，在驾驶员侧车门上
E81 —右前车窗升降器开关，在驾驶员侧车门上
J386 —驾驶员侧车门控制单元，在驾驶员侧车门内
J519 —BCM车身控制单元，在仪表板左侧下方
K194 —后部车窗升降器联锁指示灯
L76 —按钮照明
T10j —10针插头，黑色，车窗升降器开关插头
T20d —20针插头，黑色，驾驶员侧车门控制单元插头
T28a —28针插头，黑色，在左A柱中部
T32a —32针插头，灰色，驾驶员侧车门控制单元插头
V147 —驾驶员侧车窗升降器马达，在驾驶员侧车门内
(205) —接地连接线，在驾驶员侧车门线束中
(R65) —正极连接线（58d），在驾驶员侧车门线束中

可能故障点：

（1）______________________________

（2）______________________________

（3）______________________________

（4）______________________________

5. 实车检测，写出检测流程：

（1）______________________________

（2）______________________________

（3）______________________________

课题四　电动天窗系统

一、填空题

1. 电动天窗主要由__________、__________、__________和__________等组成。

2. 电动天窗驱动机构主要由__________、__________、__________等组成。

3. 天窗控制系统包括__________、__________、__________、__________。

二、故障分析题

1. 故障描述：驾驶员无法对天窗进行控制。

2. 故障现象确认：____________________。

3. 检测设备：

4. 分析线路图（见图1和图2），确定故障原因。

昊锐　　天窗电路图　　编号.17/1

天窗电路图

说明

信息

♦ 继电器位置分配和熔丝位置分配

♦ 多针脚插头连接

♦ 控制单元和继电器

♦ 接地点

=> 注意在一览中的安装位置!

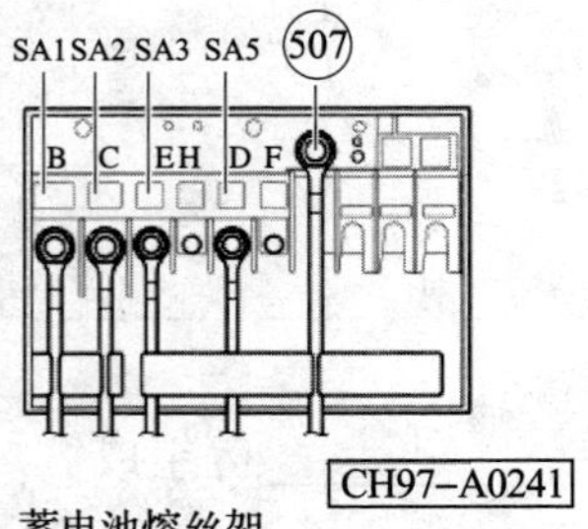

蓄电池熔丝架

507—正极螺栓连接点（30）

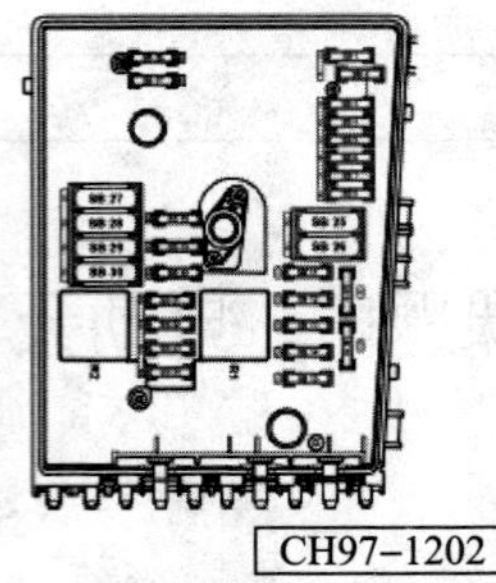

发动机舱内左侧电控箱

F29 SB29–熔丝29，50安培

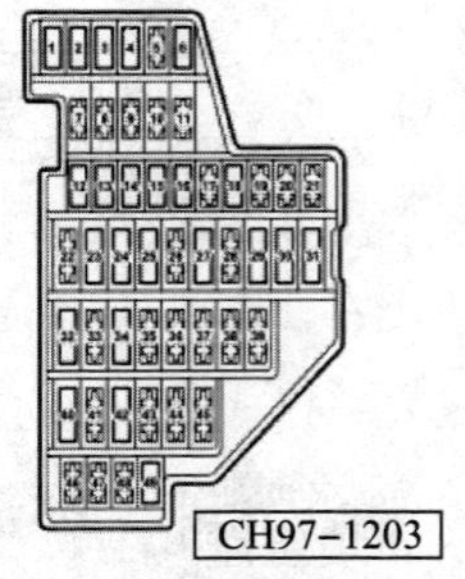

仪表板左侧熔丝支架

33 SC33–熔丝33，25安培

图1

可能故障点：

（1）__________

（2）__________

（3）__________

（4）__________

5. 实车检测，写出检测流程：

（1）__________

（2）__________

（3）__________

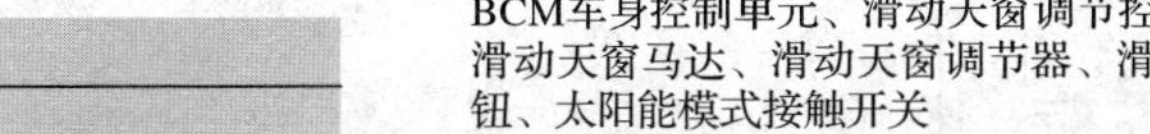

图 2

BCM车身控制单元、滑动天窗调节控制单元、滑动天窗马达、滑动天窗调节器、滑动天窗按钮、太阳能模式接触开关

A —蓄电池
E139—滑动天窗调节器，在前部内顶灯上
E325—滑动天窗按钮，在前部内顶灯上
F288—太阳能模式接触开关1，在车顶前部天窗上
J126—新鲜空气鼓风机控制单元，在仪表板内右侧鼓风机下方
J245—滑动天窗调节控制单元，在车顶前部内顶灯上方
J285—组合仪表中带显示单元的控制单元，在仪表板左侧
J519—BCM车身控制单元，在仪表板左侧下方
SB29—熔丝29、50安培，S44、SC32、SC33、SC34、SC35、SC36、SC37、SC38供电熔丝，在发动机舱内左侧电控箱顶面熔丝架上
SC33—熔丝33，25安培，滑动天窗调节控制单元熔丝，在仪表板左侧熔丝支架上
T2ac—2针插头，黑色，在车顶前部中间，滑动天窗控制单元左侧
T6s—6针插头，黑色，滑动天窗调节器插头
T6w—6针插头，蓝色，滑动天窗调节控制单元插头
T6z—6针插头，棕色，新鲜空气鼓风机控制单元插头
T10e—10针插头，黑色，在仪表板右侧下方，鼓风机左侧
T32—32针插头，蓝色，组合仪表中带显示单元的控制单元插头
T40a—40针插头，黑色，在发动机舱内左侧电控箱上
T52c—52针插头，白色，在BCM车身控制单元上B号位
V1—滑动天窗马达，在车顶前部中间，滑动天窗前部
(44)—接地点，在左侧A柱下部
(367)—接地连接线，在仪表板线束内
(507)—正极螺栓连接点（30），在发动机舱内左侧电控箱前面主熔丝支架上
(A60)—正极连接线（30a），在仪表板线束内
*—用于装备太阳能车顶天窗，预先设置自动风扇的车型

课题五　电动后视镜系统

一、填空题

1．自动防眩目后视镜通过__________感知后方车辆的灯光强度，自动调节后视镜镜面颜色的深浅，从而使后方车辆的刺眼灯光反射到驾驶员眼中时变得柔和。

2．后视镜加热功能是指当汽车在雨、雪、雾等天气行驶时，后视镜可以通过镶嵌于镜片后的__________加热，确保镜片表面清晰。

3．电动后视镜一般由__________、__________、__________等组成。

4．后视镜内的霍尔集成电路产生模拟电压，对后视镜所在位置进行检测，而________永磁电动机均可正反转，一个用于控制__________，另一个用于控制__________。

二、故障分析题

1．故障描述：驾驶员无法对电动右后视镜进行左右控制。

2．故障现象确认：____________________。

3．检测设备：

4．分析线路图（见图1～图3），确定故障原因。

可能故障点：

（1）________________________________

（2）________________________________

（3）________________________________

（4）________________________________

5．实车检测，写出检测流程：

（1）________________________________

（2）________________________________

（3）________________________________

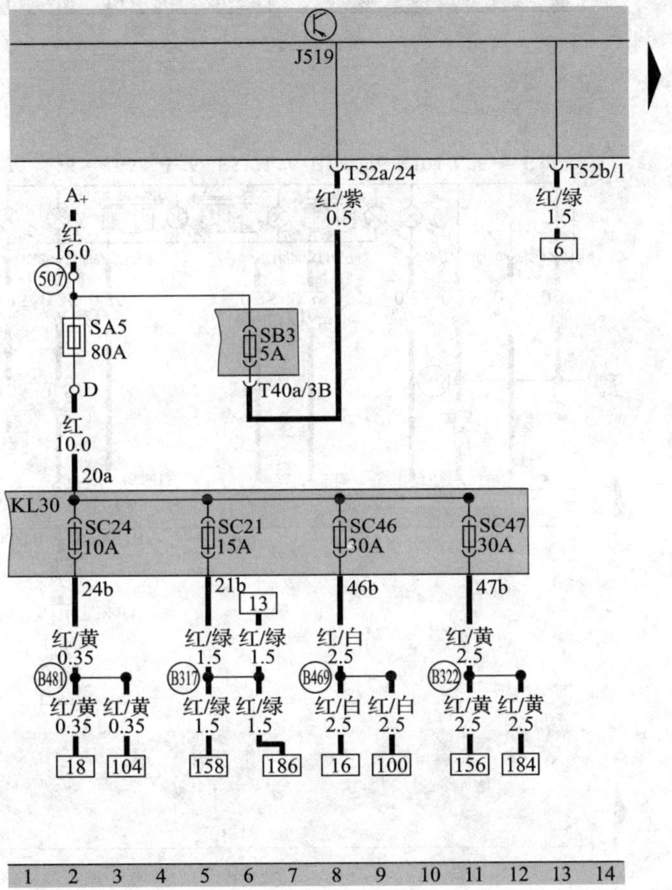

BCM车身控制单元

A—蓄电池

J519—BCM车身控制单元，在仪表板左侧下方

SA5—熔丝5，80安培，仪表板左侧下方熔丝盒内30号总线供电熔丝，在发动机舱内左侧电控箱前面熔丝架上D号位

SB3—熔丝3，5安培，BCM车身控制单元熔丝，在发动机舱内左侧电控箱顶面熔丝架上

SC21—熔丝21，15安培，BCM车身控制单元，后车门控制单元熔丝，在仪表板左侧下方熔丝支架上

SC24—熔丝24，10安培，前车门控制单元熔丝，在仪表板左侧下方熔丝支架上

SC46—熔丝46，30安培，前车窗升降器马达熔丝，在仪表板左侧下方熔丝支架上

SC47—熔丝47，30安培，后车窗升降器马达熔丝，在仪表板左侧下方熔丝支架上

T40a—40针插头，黑色，在发动机舱内左侧电控箱下面

T52a—52针插头，黑色，在BCM车身控制单元上A号位

T52b—52针插头，白色，在BCM车身控制单元上B号位

(507)—正极螺栓连接点（30），在发动机舱内左侧电控箱前面熔丝架上

(B317)—正极连接线（30a），在主导线束中

(B322)—正极连接线（30a），在主导线束中

(B469)—连接线，在主导线束中

(B481)—连接线，在主导线束中

图 1

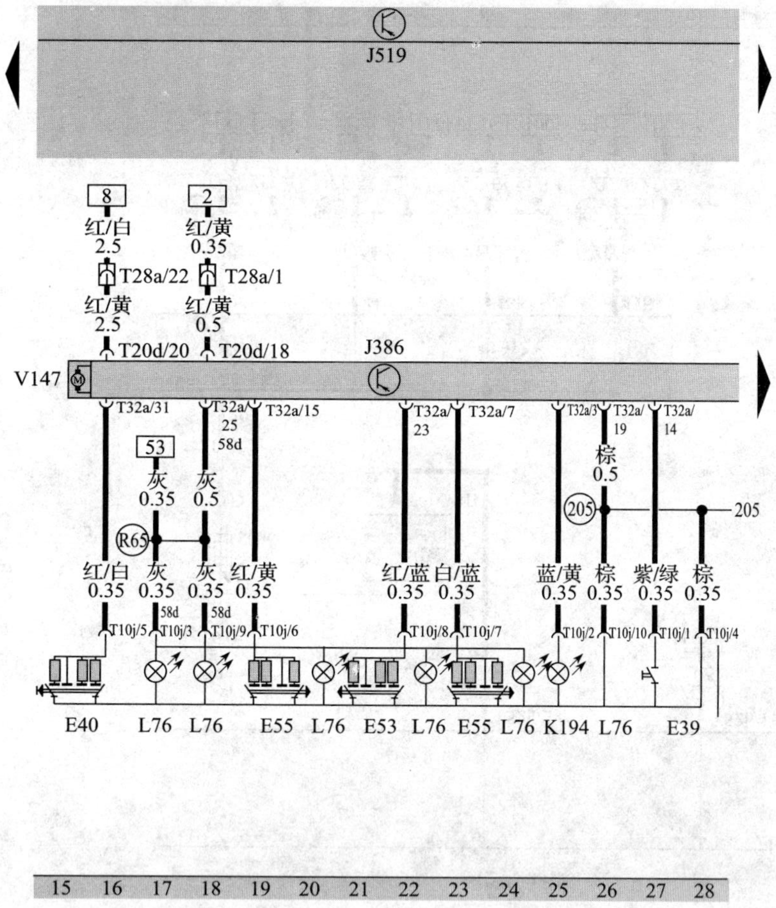

驾驶员侧车门控制单元、车窗升降器联锁开关、车窗升降器开关、按钮照明、驾驶员侧车窗升降器马达、后部车窗升降器联锁指示灯

图 2

E39—后部车窗升降器联锁开关，在驾驶员侧车门上
E40—左前车窗升降器开关，在驾驶员侧车门上
E53—左后车窗升降器开关，在驾驶员侧车门上
E55—右后车窗升降器开关，在驾驶员侧车门上
E81—右前车窗升降器开关，在驾驶员侧车门上
J386—驾驶员侧车门控制单元，在驾驶员侧车门内
J519—BCM车身控制单元，在仪表板左侧下方
K194—后部车窗升降器联锁指示灯
L76—按钮照明
T10j—10针插头，黑色，车窗升降器开关插头
T20d—20针插头，黑色，驾驶员侧车门控制单元插头
T28a—28针插头，黑色，在左A柱中部
T32a—32针插头，灰色，驾驶员侧车门控制单元插头
V147—驾驶员侧车窗升降器马达，在驾驶员侧车门内
(205)—接地连接线，在驾驶员侧车门线束中
(R65)—正极连接线（58d），在驾驶员侧车门线束中

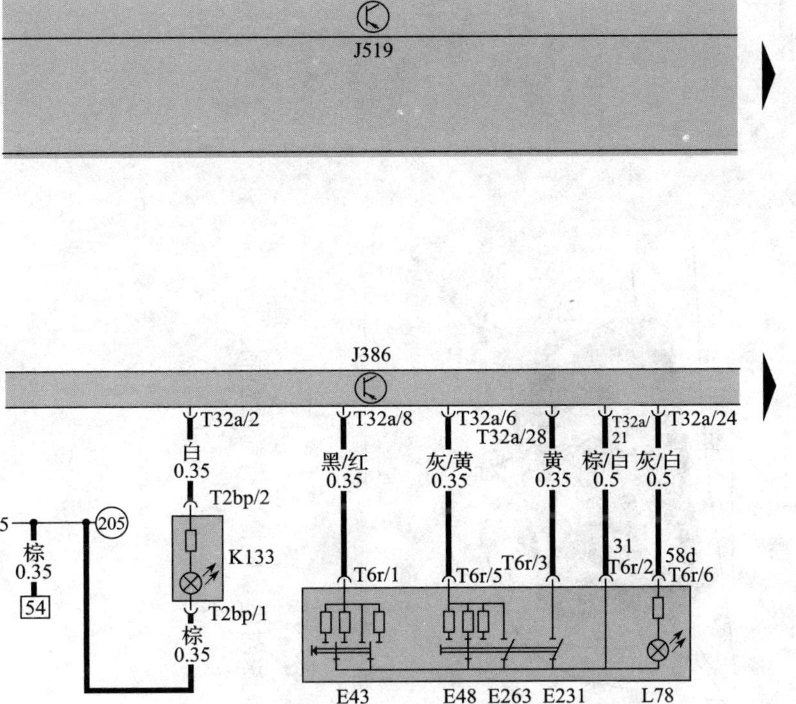

图 3

驾驶员侧车门控制单元、后视镜调节开关、后视镜调节转换开关、后视镜内折开关、车外后视镜加热按钮、中央门锁指示灯SAFE、后视镜调节开关照明

E43—后视镜调节开关，在驾驶员侧车门上
E48—后视镜调节转换开关，在驾驶员侧车门上
E231—车外后视镜加热按钮，在驾驶员侧车门上
E263—后视镜内折开关，在驾驶员侧车门上
J386—驾驶员侧车门控制单元，在驾驶员侧车门内
J519—BCM车身控制单元，在仪表板左侧下方
K133—中央门锁指示灯SAFE，在驾驶员侧车门内
L78—后视镜调节开关照明
T2bp—2针插头，黑色，中央门锁指示灯插头
T6r—6针插头，棕色，后视镜调节开关插头
T32a—32针插头，灰色，驾驶员侧车门控制单元插头
(205)—接地连接线，在驾驶员侧车门结束中
• —用于装备电动折叠外后视镜的车型

课题六　电动座椅系统

一、填空题

1. 根据下图，填写各组成部分的名称。

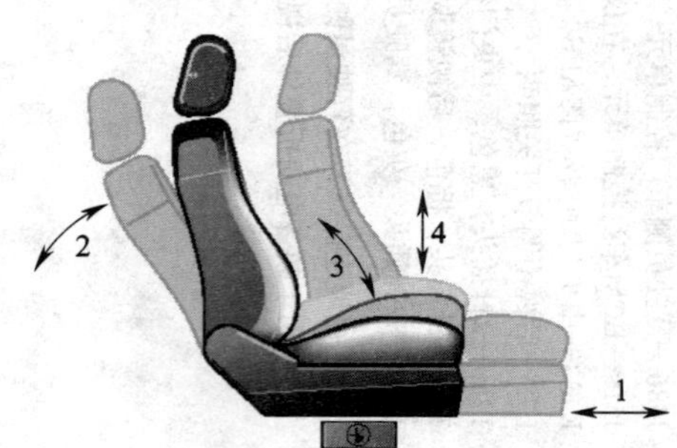

1—__________　2—____________　3—______________　4—______________

2. 根据下图，填写各组成部分的名称。

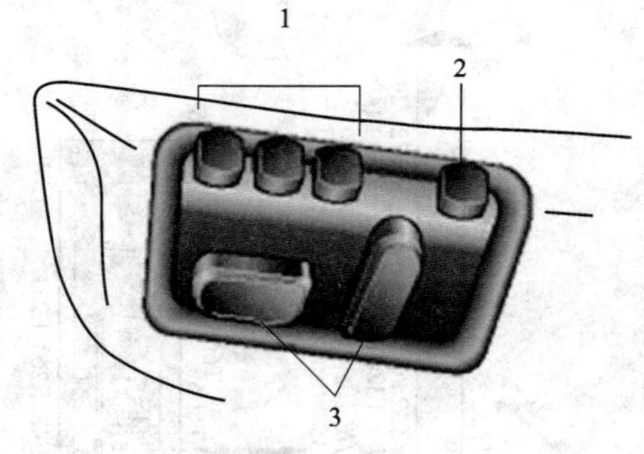

1—__________　2—____________　3—______________

二、故障分析题

1. 故障描述：驾驶员无法对电动座椅进行前后控制。
2. 故障现象确认：______________________。
3. 检测设备：

4. 分析线路图（见图 1 ~ 图 5），确定故障原因。

电动座椅调节电路图

说明

信息

♦ 继电器位置分配和熔丝位置分配

♦ 多针脚插头连接

♦ 控制单元和继电器

♦ 接地点

=> 注意在一览中的安装位置!

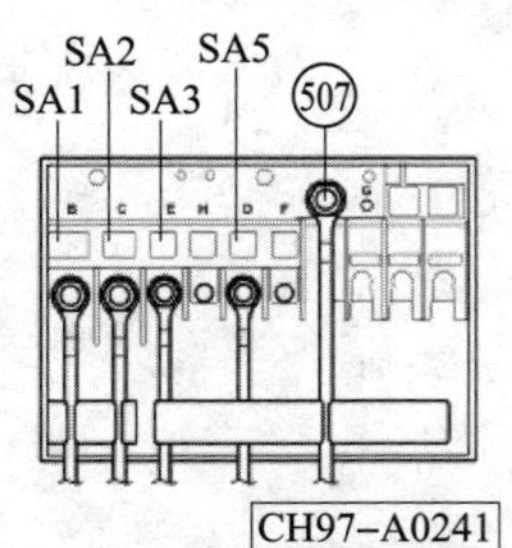

发动机舱内左侧电控箱前面熔丝架

⑤⓪⑦—正极螺栓连接点（30）

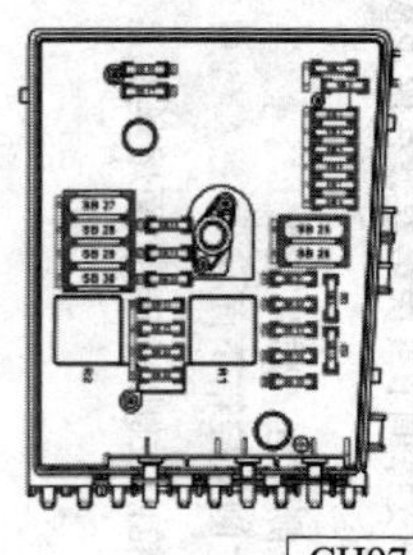

发动机舱内左侧电控箱顶面熔丝架

F29 SB29–熔丝29，50安培

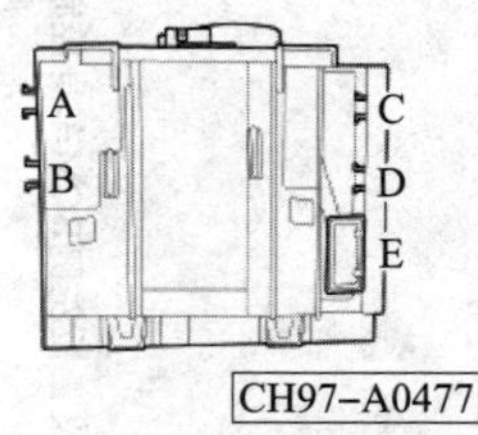

仪表板左侧BCM车身控制单元支架

E 座椅调整装置的热敏熔丝，S44，20安培

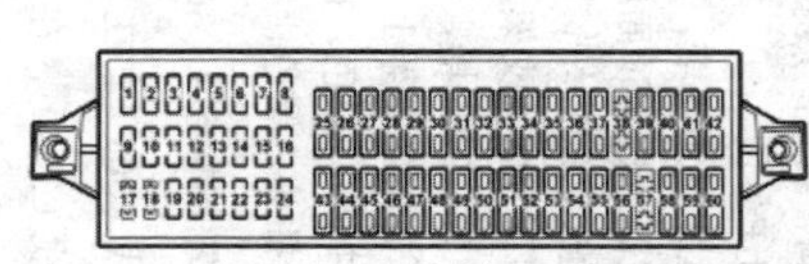

仪表板左侧下方熔丝支架

54 SC54–熔丝54，30安培

55 SC55–熔丝55，30安培

图 1

可能故障点：

(1) ______

(2) ______

(3) ______

(4) ______

5. 实车检测，写出检测流程：

(1) ______

(2) ______

(3) ______

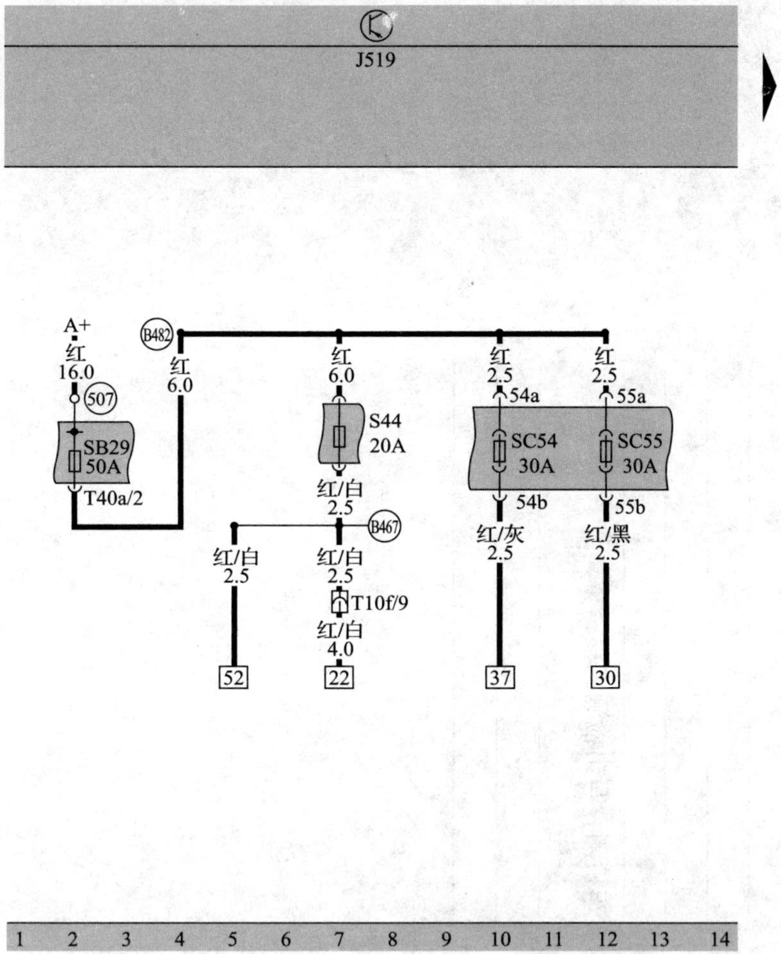

J519

A+
红
16.0
507
SB29
50A
T40a/2
B482
红
6.0
红
6.0
S44
20A
红/白
2.5
B467
红/白
2.5
红/白
2.5
T10f/9
红/白
4.0
52
22
红
2.5
54a
SC54
30A
54b
红/灰
2.5
37
红
2.5
55a
SC55
30A
55b
红/黑
2.5
30

1 2 3 4 5 6 7 8 9 10 11 12 13 14

熔丝

A—蓄电池

J519—BCM车身控制单元，在仪表板左侧下方

S44—座椅调整装置的热敏熔丝，20安培，在仪表板左侧BCM车身控制单元支架上E号位

SB29—熔丝29，50安培，S44、SC54、SC55、SC57供电熔丝，在发动机舱内左侧电控箱顶面熔丝架上

SC54—熔丝54，30安培，前座乘客座椅腰部支撑调节开关熔丝，在仪表板左侧下方熔丝支架上

SC55—熔丝55，30安培，驾驶员座椅腰部支撑调节开关熔丝，在仪表板左侧下方熔丝支架上

T10f—10针插头，黑色，在驾驶员座椅左侧下方，插头支架上

T40a—40针插头，黑色，在发动机舱内左侧电控箱下面

(507)—正极螺栓连接点（30），在发动机舱内左侧电控箱前面熔丝架上

(B467)—连接线（30a），在主导线束中

(B482)—连接线（30a），在主导线束中

图 2

驾驶员侧座椅靠背调节开关、驾驶员侧座椅高度调整按钮、驾驶员侧座椅纵向调整按钮、驾驶员侧座椅纵向调整马达、驾驶员侧座椅高度调节马达、驾驶员侧座椅靠背调节马达

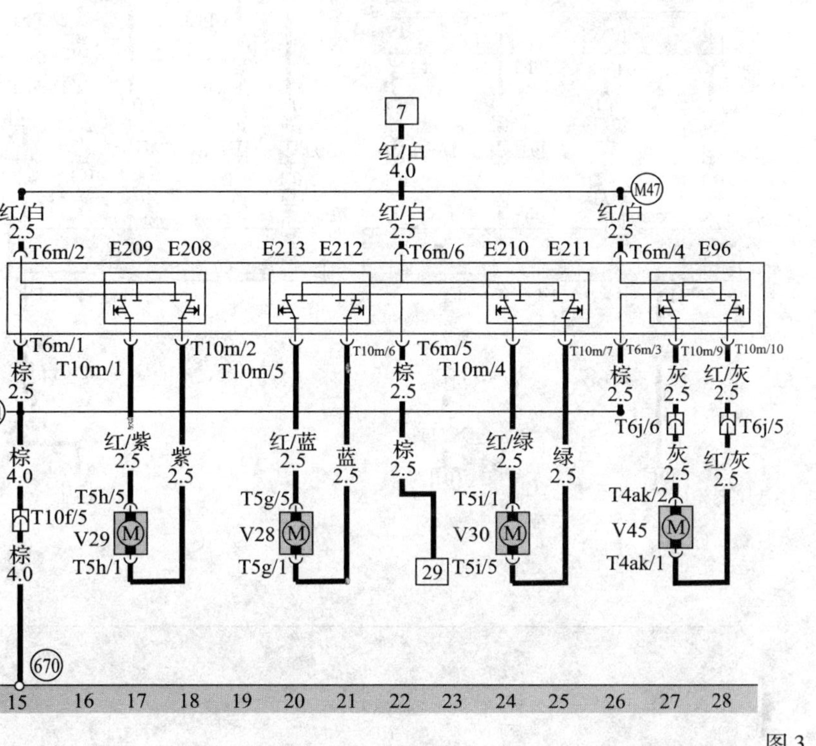

图 3

E96—驾驶员侧座椅靠背调节开关，在驾驶员座椅左侧饰板上
E208—驾驶员侧座椅前部高度调整按钮（向上），在驾驶员座椅左侧饰板上
E209—驾驶员侧座椅前部高度调整按钮（向下），在驾驶员座椅左侧饰板上
E210—驾驶员侧座椅后部高度调整按钮（向上），在驾驶员座椅左侧饰板上
E211—驾驶员侧座椅后部高度调整按钮（向下），在驾驶员座椅左侧饰板上
E212—驾驶员侧座椅纵向调整按钮（向前），在驾驶员座椅左侧饰板上
E213—驾驶员侧座椅纵向调整按钮（向后），在驾驶员座椅左侧饰板上
J519—BCM车身控制单元，在仪表板左侧下方
T4ak—4针插头，黑色，驾驶员侧座椅靠背调节马达插头
T5g—5针插头，黑色，驾驶员侧座椅纵向调整马达插头
T5h—5针插头，黑色，驾驶员侧座椅前部高度调节马达插头
T5i—5针插头，黑色，驾驶员侧座椅后部高度调节马达插头
T6j—6针插头，黑色，在驾驶员侧座椅底部中间
T6m—6针插头，黑色，驾驶员侧座椅调整按钮插头
T10f—10针插头，黑色，在驾驶员侧座椅左侧下方，插头支架上
T10m—10针插头，黑色，驾驶员侧座椅调整按钮插头
V28—驾驶员侧座椅纵向调整马达，在驾驶员座椅底部右侧
V29—驾驶员侧座椅前部高度调节马达，在驾驶员侧座椅底部左侧前部
V30—驾驶员侧座椅后部高度调节马达，在驾驶员侧座椅底部左侧后部
V45—驾驶员侧座椅靠背调节马达，在驾驶员侧座椅靠背内右侧
(670)—接地点2，在左侧A柱下部
(M41)—连接线，在驾驶员侧座椅线束中
(M47)—连接线，在驾驶员侧座椅线束中

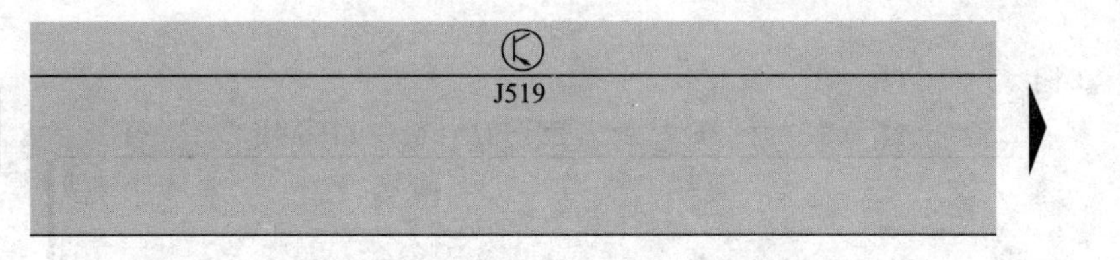
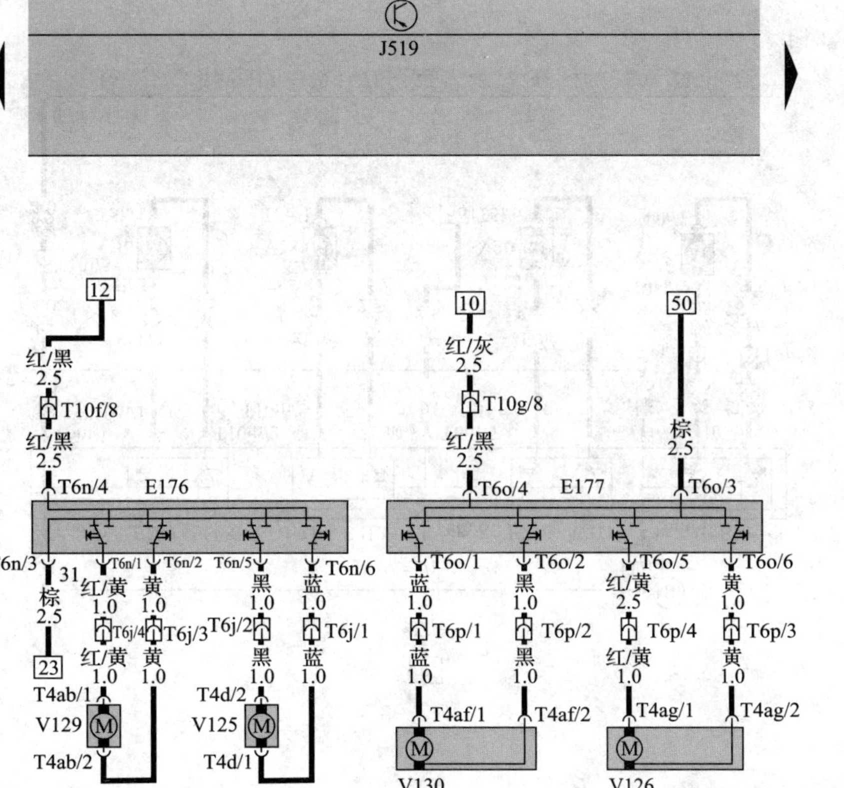

图 4

驾驶员侧座椅腰部支撑调节开关、前座乘员侧座椅腰部支撑调节开关、驾驶员侧座椅腰部支撑纵向调节马达、前座乘员侧座椅腰部支撑纵向调节马达、驾驶员侧座椅腰部支撑高度调节马达、前座乘员侧座椅腰部支撑高度调节马达

E176—驾驶员侧座椅腰部支撑调节开关，在驾驶员侧座椅左侧饰板前部

E177—前座乘员侧座椅腰部支撑调节开关，在前座乘员侧座椅右侧饰板前部

J519—BCM车身控制单元，在仪表板左侧下方

T4d—4针插头，黑色，驾驶员侧座椅腰部支撑纵向调节马达插头

T4ab—4针插头，黑色，驾驶员侧座椅腰部支撑高度调节马达插头

T4af—4针插头，黑色，前座乘员侧座椅腰部支撑高度调节马达插头

T4ag—4针插头，黑色，前座乘员侧座椅腰部支撑纵向调节马达插头

T6n—6针插头，黑色，驾驶员侧座椅腰部支撑调节开关插头

T6j—6针插头，黑色，在驾驶员侧座椅底部中间

T6o—6针插头，黑色，前座乘员侧座椅腰部支撑调节开关插头

T6p—6针插头，黑色，在前座乘员侧座椅底部中间

T10f—10针插头，黑色，在驾驶员侧座椅左侧下方，插头支架上

T10g—10针插头，黑色，在前侧座椅右侧下方，插头支架上

V125—驾驶员座椅腰部支撑纵向调节马达，在驾驶员侧座椅靠背内右侧

V126—前座乘员侧座椅腰部支撑纵向调节马达，在前座乘员侧座椅靠背内右侧

V129—驾驶员座椅腰部支撑高度调节马达，在驾驶员侧座椅靠背内左侧

V130—前座乘员侧座椅腰部支撑调节高度马达，在前座乘员侧座椅靠背内左侧

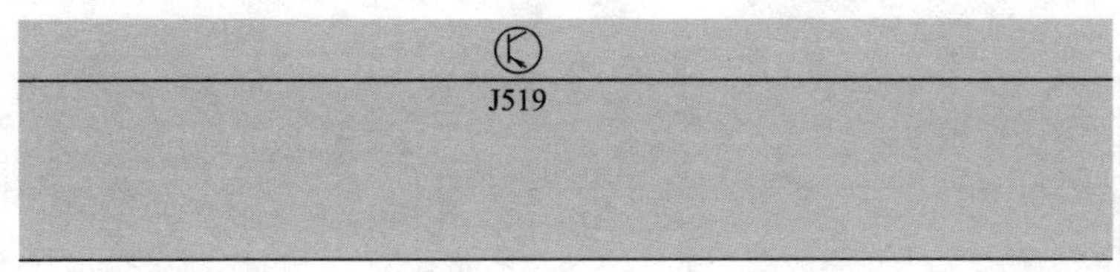

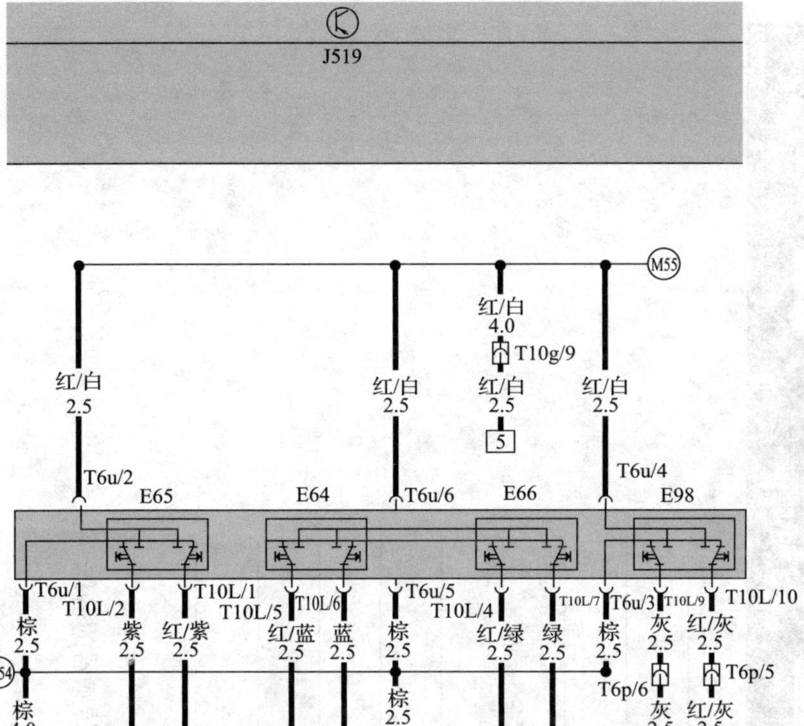

前座乘员侧座椅纵向调整开关、前座乘员侧座椅高度调整开关、前座乘员侧座椅靠背调节开关、前座乘员侧座椅纵向调整马达、前座乘员侧座椅高度调节马达、前座乘员侧座椅靠背调节马达

E64—前座乘员侧座椅纵向调整开关，在前座乘员侧座椅右侧饰板上
E65—前座乘员侧座椅前部高度调整开关，在前座乘员侧座椅右侧饰板上
E66—前座乘员侧座椅后部高度调整开关，在前座乘员侧座椅右侧饰板上
E98—前座乘员侧座椅靠背调节开关，在前座乘员侧座椅右侧饰板上
J519—BCM车身控制单元，在仪表板左侧下方
T4ae—4针插头，黑色，前座乘员侧座椅靠背调节马达插头
T5a—5针插头，黑色，前座乘员侧座椅纵向调整马达插头
T5b—5针插头，黑色，前座乘员侧座椅前部高度调节马达插头
T5d—5针插头，黑色，前座乘员侧座椅后部高度调节马达插头
T6u—6针插头，黑色，前座乘员侧座椅调节开关插头
T6p—6针插头，黑色，在前座乘员侧座椅底部中间
T10g—10针插头，黑色，在前座乘员侧座椅右侧下方，插头支架上
T10L—10针插头，黑色，前座乘员侧座椅调整开关插头
V31—前座乘员侧座椅纵向调整马达，在前座乘员侧座椅底部左侧
V32—前座乘员侧座椅前部高度调节马达，在前座乘员侧座椅底部右侧前部
V33—前座乘员侧座椅后部高度调节马达，在前座乘员侧座椅底部右侧后部
V46—前座乘员侧座椅靠背调节马达，在前座乘员侧座椅靠背内左侧

(43)—前座乘员侧座椅靠背调节马达，在前座乘员侧座椅靠背内左侧

(M54)—接地点，在右侧A柱下部

(M55)—连接线，在前座乘员侧座椅线束中

图 5

模块四　汽车组合仪表系统

课题一　汽车组合仪表系统概述

一、填空题

1. 根据仪表显示，填写各部分含义。

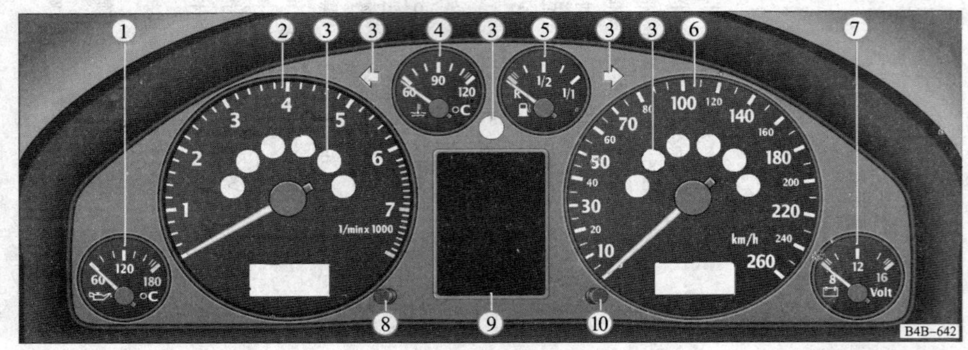

1—______________________________

2—______________________________

3—______________________________

4—______________________________

5—______________________________

6—______________________________

7—______________________________

8—______________________________

9—______________________________

10—______________________________

2. 根据下图，写出各传感器的名称。

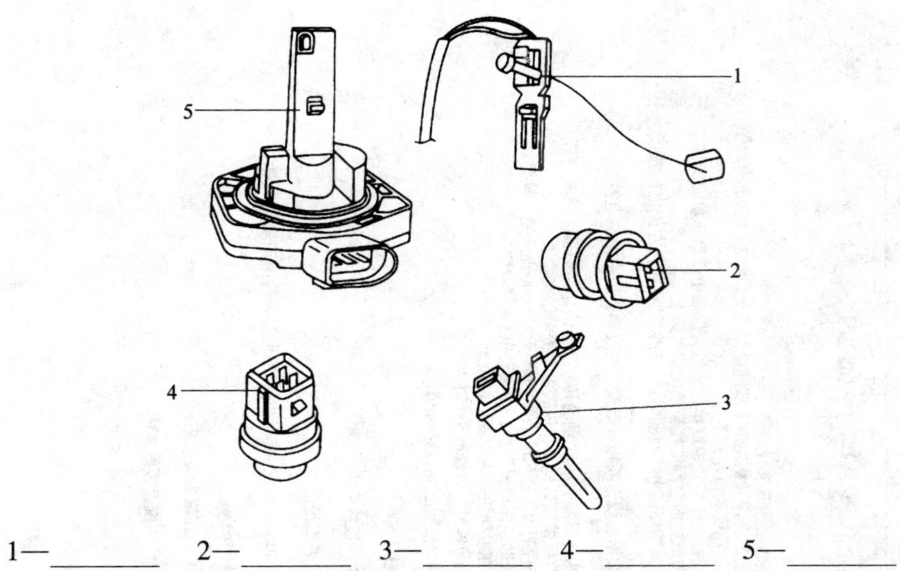

1—________ 2—________ 3—________ 4—________ 5—________

二、故障分析题

昊锐　　　　组合仪表电路图　　　　编号.24/1

组合仪表电路图

说明

信息

♦ 继电器位置分配和熔丝位置分配

♦ 多针脚插头连接

♦ 控制单元和继电器

♦ 接地点

=> 注意在一览中的安装位置!

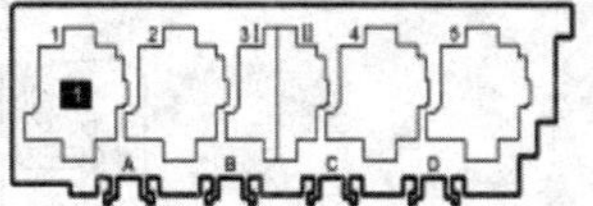

CH97–A0248

仪表板左侧下部继电器板

■1 总线端15供电继电器–J329（100继电器）

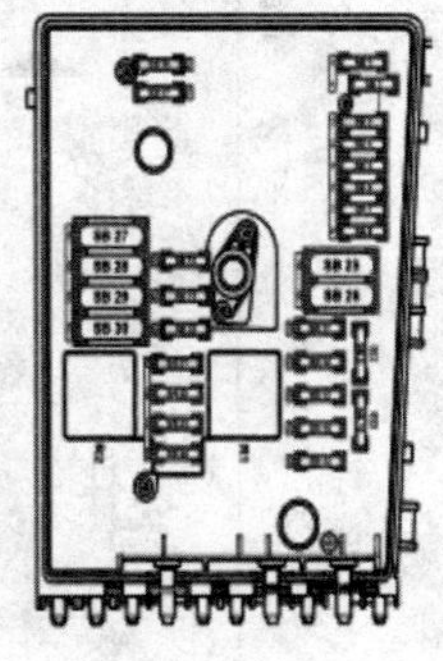

CH97–1202

发动机舱内左侧电控箱

■F6 SB6–熔丝6,5安培

■F7 SB7–熔丝7,40安培

■F12 SB12–熔丝12,5安培

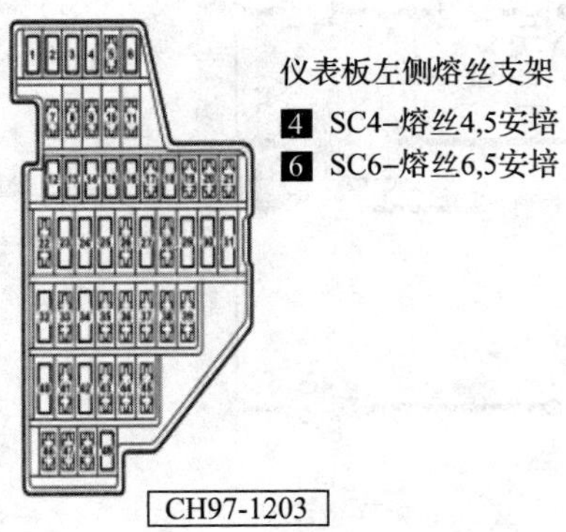

CH97-1203

仪表板左侧熔丝支架

■4 SC4–熔丝4,5安培

■6 SC6–熔丝6,5安培

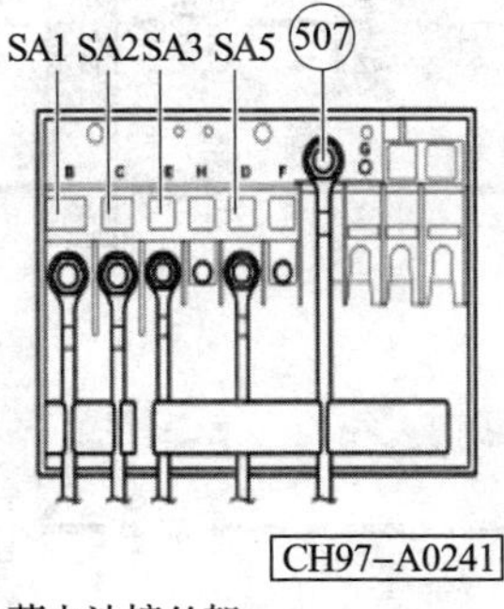

CH97–A0241

蓄电池熔丝架

507—正极螺栓连接点（30）

图 1

图 2

BCM车身控制单元、蓄电池、总线端15供电继电器

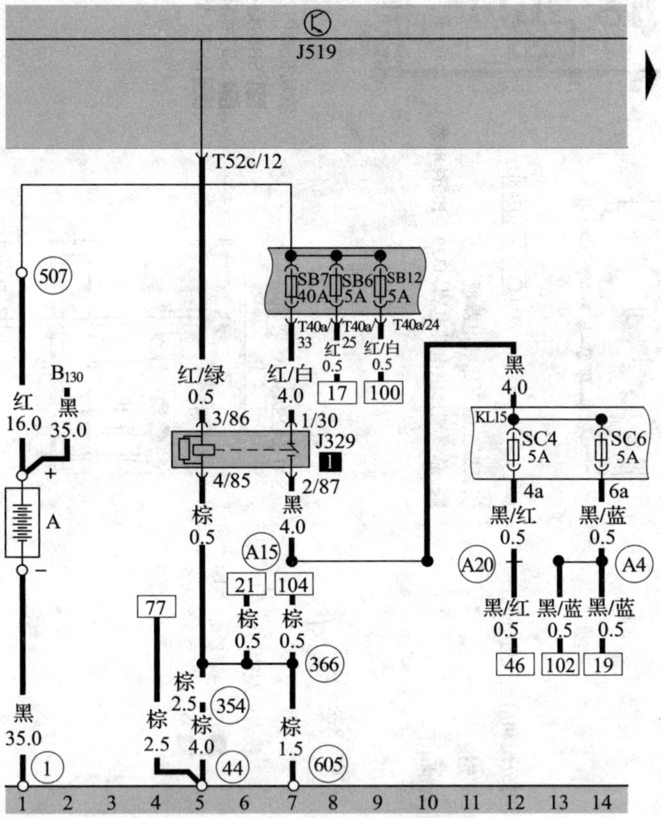

A—蓄电池
B—起动马达，在发动机舱左侧变速箱上
J329—总线端15供电继电器，在仪表板左侧下部继电器板上1号位（100继电器）
J519—BCM车身控制单元，在仪表板左侧下方
SB6—熔丝6，5安培，转向柱电子装置控制单元、组合仪表中带显示单元的控制单元熔丝，在发动机舱内左侧电控箱顶面熔丝架上
SB7—熔丝7，40安培，总线端15供电继电器熔丝，在发动机舱内左侧电控箱顶面熔丝架上
SB12—熔丝12，5安培，数据总线诊断接口熔丝，在发动机舱内左侧电控箱顶面熔丝架上
SC4—熔丝4，5安培，气味传感器、油位/油温传感器、高压传感器、倒车灯开关、自动防眩目车内后视镜熔丝，在仪表板左侧熔丝支架上
SC6—熔丝6，5安培，组合仪表中带显示单元的控制单元、Tiptronic开关、数据总线诊断接口、转向辅助控制单元熔丝，在仪表板左侧熔丝支架上
T40a—40针插头。黑色，在发动机舱内左侧电控箱上
T52c—52针插头。白色，在BCM车身控制单元上B号位
(1)—接地点，蓄电池-车身，在左前悬挂处车身上
(44)—接地点，在左侧A柱下部
(354)—接地连接线，在仪表板线束内
(366)—接地连接线，在仪表板线束内
(507)—正极螺栓连接点（30），在发动机舱内左侧电控箱前面主熔丝支架上
(605)—接地点，在转向柱中部
(A4)—正极连接线（15a），在仪表板线束内
(A15)—正极连接线（15），在仪表板线束内
(A20)—正极连接线（15a），在仪表板线束内

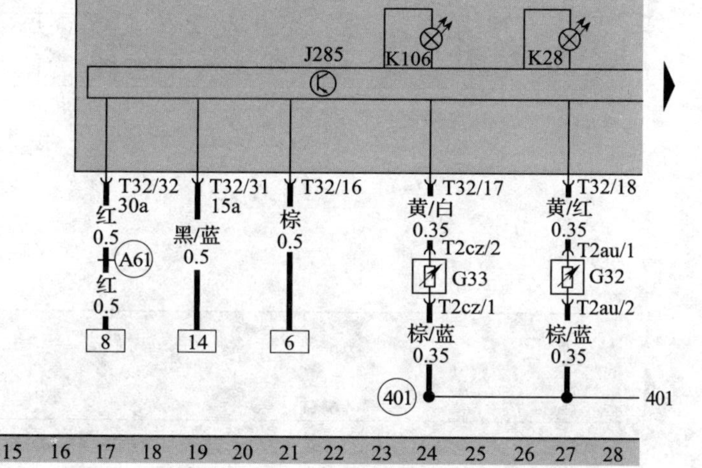

图 3

组合仪表中带显示单元的控制单元、冷却液不足显示传感器、车窗清洗液液位/水位传感器、冷却液温度/冷却液不足显示指示灯、清洗液不足指示灯

G32—冷却液不足显示传感器，在发动机舱右侧，冷却液膨胀罐上
G33—车窗清洗液液位/水位传感器，在前保险杠右侧，车窗清洗液储液罐上
J285—组合仪表中带显示单元的控制单元，在仪表板左侧
J519—BCM车身控制单元，在仪表板左侧下方
K28—冷却液温度/冷却液不足显示指示灯
K106—清洗液不足指示灯
T2au—2针插头，黑色，冷却液不足显示传感器插头
T2cz—2针插头，黑色，车窗清洗液液位/水位传感器插头
T32—32针插头，蓝色，组合仪表中带显示单元的控制单元插头

(401)—接地连接线（传感器接地），在仪表板线束内
(A61)—正极连接线（30a），在仪表板线束内

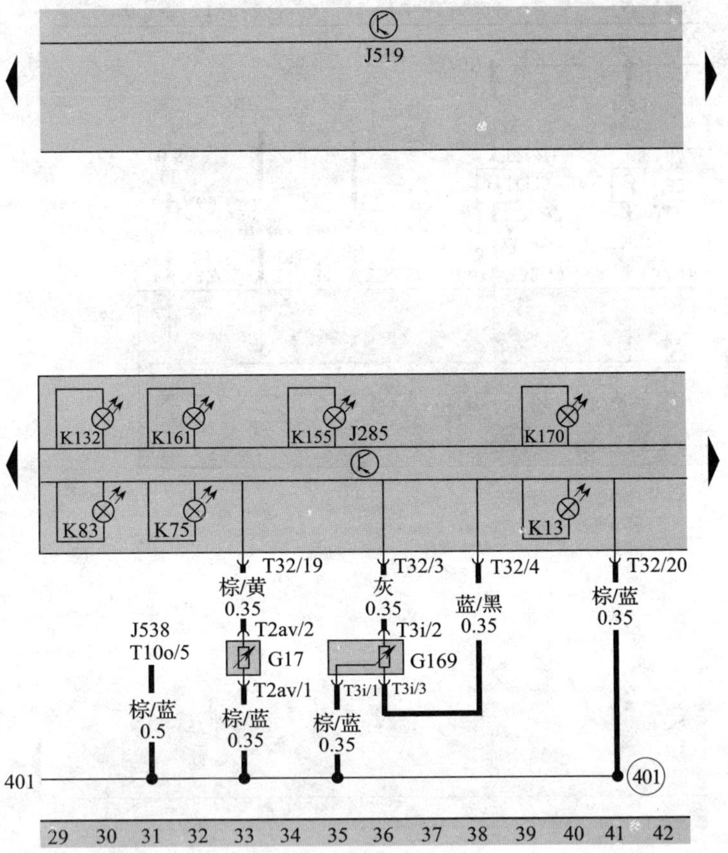

J519
K132 K161 K155 J285 K170
K83 K75 K13
T32/19 T32/3 T32/4 T32/20
棕/黄 0.35
灰 0.35
蓝/黑 0.35
棕/蓝 0.35
J538 T10o/5
T2av/2 G17 T2av/1
T3i/2 G169 T3i/1 T3i/3
棕/蓝 0.5
棕/蓝 0.35
棕/蓝 0.35
401
(401)
29 30 31 32 33 34 35 36 37 38 39 40 41 42

图 4

组合仪表中带显示单元的控制单元、车外温度传感器、燃油存量传感器2、安全气囊指示灯、排气警示灯、电动机械式转向助力器指示灯、电控节气门故障信号灯、灯泡故障指示灯、后雾灯指示灯、稳定程序指示灯，ASR/ESP

G17—车外温度传感器，在前保险杠内右侧
G169—燃油存量传感器2，在后座垫左侧下方燃油箱内
J285—组合仪表中带显示单元的控制单元，在仪表板左侧
J519—BCM车身控制单元，在仪表板左侧下方
J538—燃油泵控制单元，在后座垫右侧下方
K13—后雾灯指示灯
K75—安全气囊指示灯
K83—排气警示灯
K132—电控节气门故障信号灯
K155—稳定程序指示灯，ASR/ESP
K161—电动机械式转向助力器指示灯
K170—灯泡故障指示灯
T2av—2针插头，黑色，车外温度传感器插头
T3i—3针插头，黑色，燃油存量传感器2插头
T10o—10针插头，黑色，燃油泵控制单元插头
T32—32针插头，蓝色，组合仪表中带显示单元的控制单元插头
(401)—接地连接线（传感器接地），在仪表板线束内

图 5

组合仪表中带显示单元的控制单元、油位/油温、传感器、油位指示灯、制动液液位报警开关、转速表、车速表、制动系统指示灯、换挡杆锁指示灯、轮胎压力监控显示指示灯、组合仪表照明灯泡、后行李箱盖打开指示灯、数字钟

F34—制动液液位报警开关，在发动机舱左侧制动储液罐内
G5—转速表
G21—车速表
G266—油位/油温传感器，在发动机下方，油底壳后部
J285—组合仪表中带显示单元的控制单元，在仪表板左侧
J519—BCM车身控制单元，在仪表板左侧下方
K38—油位指示灯
K118—制动系统指示灯
K127—后行李箱盖打开指示灯
K169—换挡杆锁指示灯
K220—轮胎压力监控显示指示灯
L10—组合仪表照明灯泡
T2as—2针插头，黑色，制动液液位报警开关插头
T3ab—3针插头，黑色，油位/油温传感器插头
T6j—6针插头，黑色，在发动机舱左侧，空气滤清器前方纵梁上
T32—32针插头，蓝色，组合仪表中带显示单元的控制单元插头
Y2—数字钟
(80)—接地连接线，在仪表板线束内
(671)—接地点，在左前纵梁前线

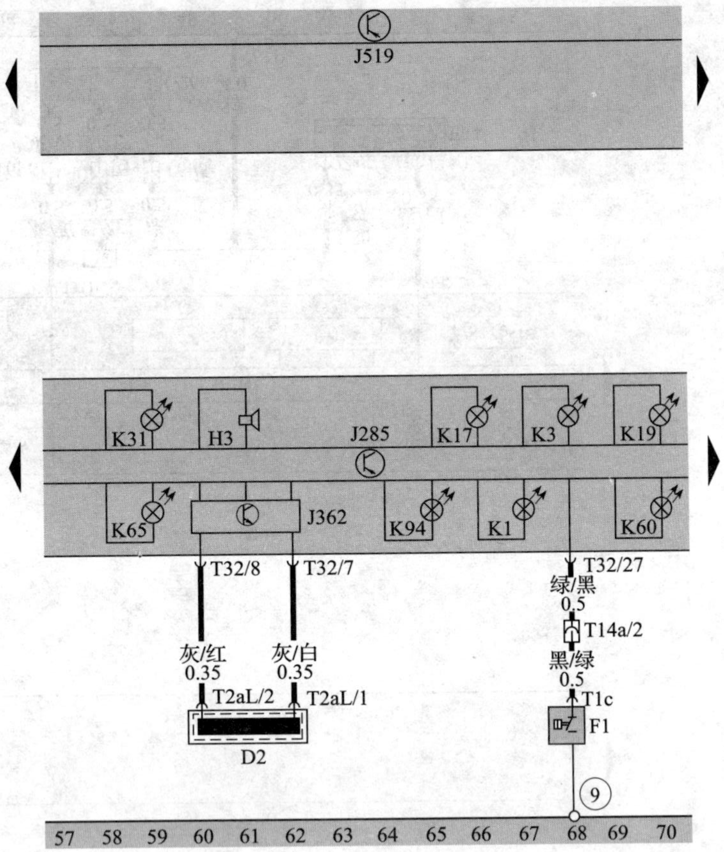

组合仪表中带显示单元的控制单元、防盗锁止系统控制单元、防盗锁止系统读出线圈、油压开关、油压指示灯、远光灯指示灯、前雾灯指示灯、安全带报警系统指示灯、GRA指示灯转向信号灯指示灯、近光灯和尾灯指示灯、蜂鸣器/报警音

D2—防盗锁止系统识读线圈，在转向柱上部，点火起动开关上

F1—油压开关，在发动机右侧，机油滤清器下方

H3—蜂鸣器/报警音

J285—组合仪表中带显示单元的控制单元，在仪表板左侧

J362—防盗锁止系统控制单元

J519—BCM车身控制单元，在仪表板左侧下方

K1—远光灯指示灯

K3—油压指示灯

K17—前雾灯指示灯

K19—安全带报警系统指示灯

K31—GRA指示灯

K60—近光灯和尾灯指示灯

K65—左侧转向信号灯指示灯

K94—右侧转向信号灯指示灯

T1c—1针插头，蓝色，油压开关插头

T2aL—2针插头，黑色，防盗锁止系统识读线圈插头

T14a—14针插头，黑色，在发动机舱内左纵梁前方

T32—32针插头，蓝色，组合仪表中带显示单元的控制单元插头

⑨—接地点，自身接地

图 6

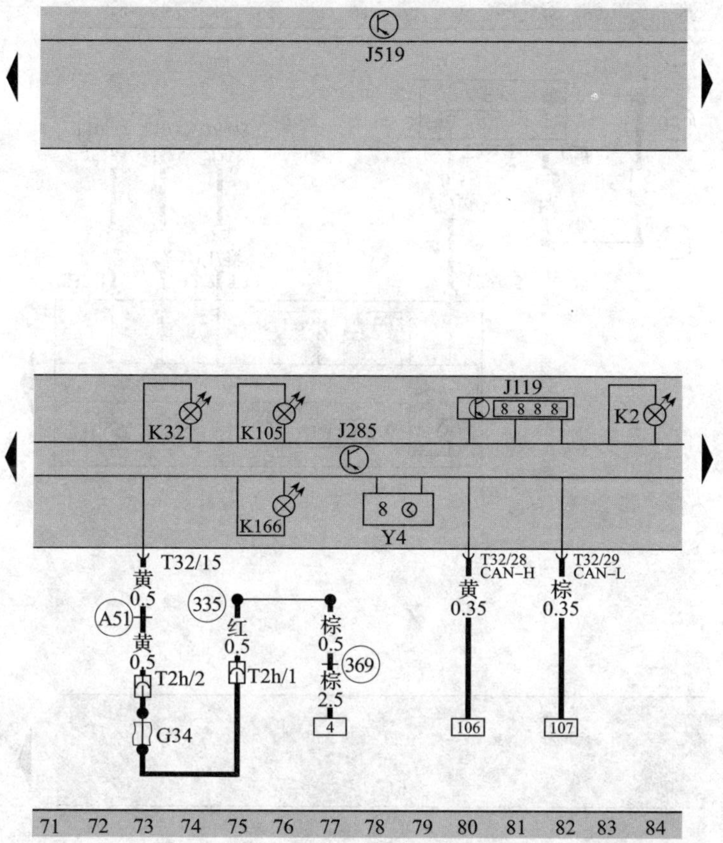

J519

K32　K105　J285　J119　8 8 8 8　K2

K166　8　Y4

T32/15　黄 0.5　A51　黄 0.5　T2h/2　G34

335　红 0.5　T2h/1

棕 0.5　369　棕 2.5　4

T32/28 CAN–H　黄 0.35　106

T32/29 CAN–L　棕 0.35　107

71 72 73 74 75 76 77 78 79 80 81 82 83 84

图 7

组合仪表中带显示单元的控制单元、左前制动摩擦片磨损传感器、多功能显示器、发电机指示灯、制动摩擦片指示灯、燃油存量指示灯、车门打开指示灯、里程表

G34—左前制动摩擦片磨损传感器，在左前制动摩擦片内
J119—多功能显示器
J285—组合仪表中带显示单元的控制单元，在仪表板左侧
J519—BCM车身控制单元，在仪表板左侧下方
K2—发电机指示灯
K32—制动摩擦片指示灯
K105—燃油存量指示灯
K166—车门打开指示灯
T2h—2针插头，黑色，在左前车轮轴承壳体上
T32—32针插头，蓝色，组合仪表中带显示单元的控制单元插头
Y4—里程表

(335)—接地连接线，在仪表板线束内
(369)—接地连接线，在仪表板线束内
(A51)—连接线（传感器），在仪表板线束内

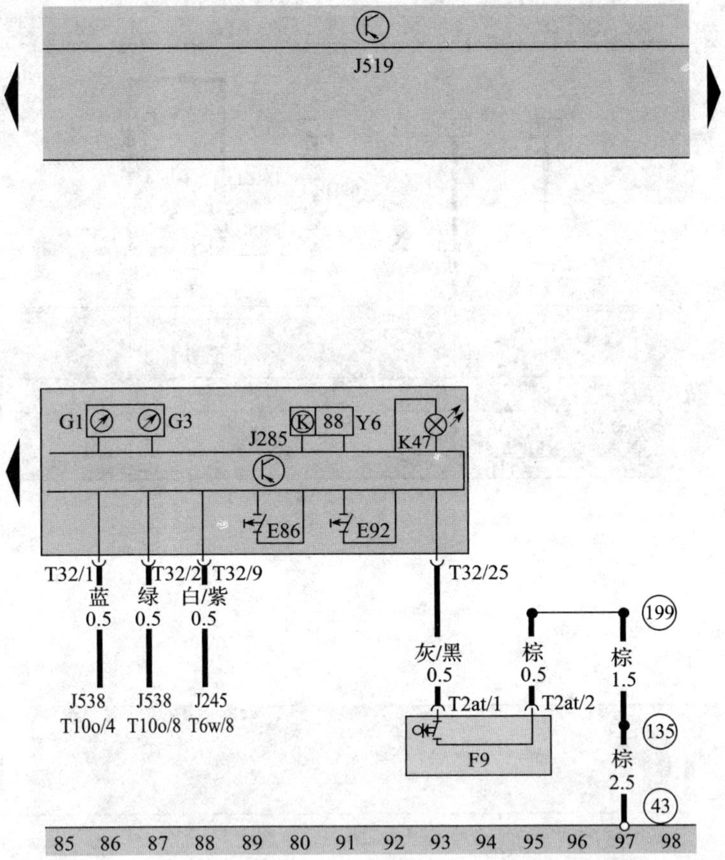

图 8

组合仪表中带显示单元的控制单元、手制动控制开关、燃油储备显示、冷却液温度表、多功能显示器调用按钮、复位按钮、选挡杆位置显示屏、ABS指示灯

E86—多功能显示器调用按钮，在组合仪表左侧
E92—复位按钮，在组合仪表右侧
F9—手制动控制开关，在手制动杆下部
G1—燃油储备显示
G3—冷却液温度表
J245—滑动天窗调节控制单元，在车顶前部内顶灯上方
J285—组合仪表中带显示单元的控制单元，在仪表板左侧
J519—BCM车身控制单元，在仪表板左侧下方
J538—燃油泵控制单元，在后座垫右侧下方
K47—ABS指示灯
T2at—2针插头，黑色，手制动控制开关插头
T6w—6针插头，蓝色，滑动天窗调节控制单元插头
T10o—10针插头，黑色，燃油泵控制单元插头
T32—32针插头，蓝色，组合仪表中带显示单元的控制单元插头
Y6—选挡杆位置显示屏

(43)—接地点，在右侧A柱下部
(135)—接地连接线，在仪表板线束内
(199)—接地连接线，在仪表板线束内

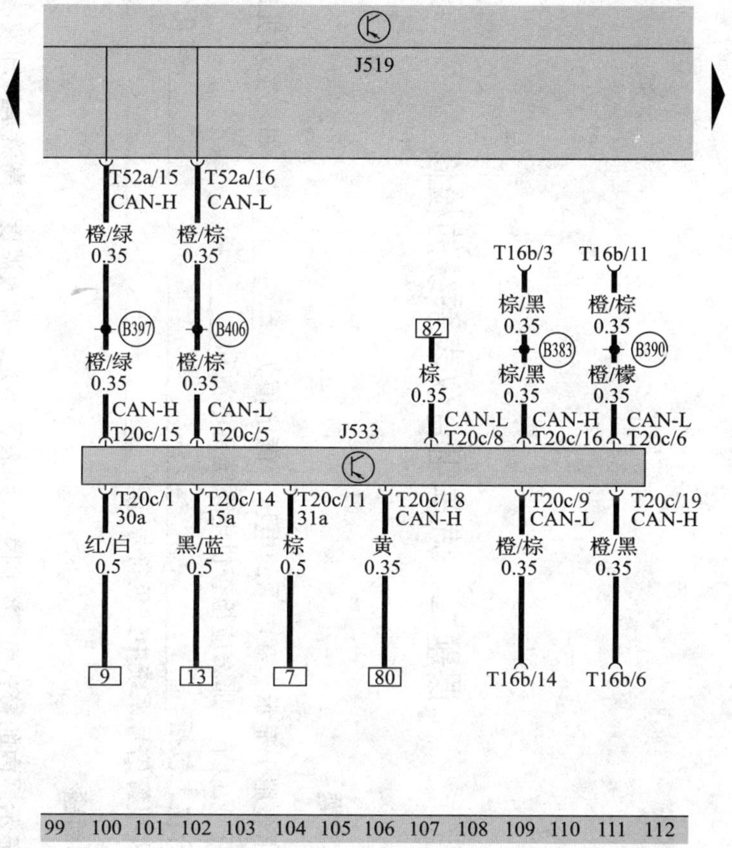

J519

T52a/15 CAN-H 橙/绿 0.35
T52a/16 CAN-L 橙/棕 0.35
B397 橙/绿 0.35
B406 橙/棕 0.35
CAN-H T20c/15
CAN-L T20c/5
82 棕 0.35 CAN-L T20c/8
T16b/3 棕/黑 0.35 B383 棕/黑 0.35 CAN-H T20c/16
T16b/11 橙/棕 0.35 B390 橙/檬 0.35 CAN-L T20c/6

J533

T20c/1 30a 红/白 0.5 9
T20c/14 15a 黑/蓝 0.5 13
T20c/11 31a 棕 0.5 7
T20c/18 CAN-H 黄 0.35 80
T20c/9 CAN-L 橙/棕 0.35 T16b/14
T20c/19 CAN-H 橙/黑 0.35 T16b/6

99 100 101 102 103 104 105 106 107 108 109 110 111 112

BCM车身控制单元、数据总线诊断接口

J519—BCM车身控制单元，在仪表板左侧下方
J533—数据总线诊断接口，在仪表板中部，制动踏板支架右侧
T16b—16针插头，黑色，自诊断接口插头，在仪表板左侧，杂物箱下部
T20c—20针插头，蓝色，数据总线诊断接口插头
T52a—52针插头，棕色，在BCM车身控制单元上C号位

(B383)—连接线（动力传动系统CAN总线，高位），在仪表板线束内
(B390)—连接线（动力传动系统CAN总线，低位），在仪表板线束内
(B397)—连接线（舒适/便利功能CAN总线，高位），在仪表板线束内
(B406)—连接线（舒适/便利功能CAN总线，低位），在仪表板线束内

图 9

1. 写出下列代号的含义：

（1）G32：__________　（2）G33：__________　（3）J285：__________

（4）K75：__________　（5）K170：__________　（6）G5：__________

2. 写出下列指示灯的含义及相应传感器安装位置及指示灯颜色。

（1）(◎)：____________，位置：____________，指示灯颜色____________。

（2）⛽：____________，位置：____________，指示灯颜色____________。

（3）🛢：____________，位置：____________，指示灯颜色____________。

（4）洗涤液：____________，位置：____________，指示灯颜色____________。

（5）[- +]：____________，位置：____________，指示灯颜色____________。

（6）(ABS)：____________，位置：____________，指示灯颜色____________。

（7）🌡：____________，位置：____________，指示灯颜色____________。

（8）(!)：____________，位置：____________，指示灯颜色____________。

3. 指示灯分为哪几种颜色？与行车安全有什么联系？

课题二　汽车组合仪表系统的检修

一、填空题

1. 电压表用于显示车载电网的电压，额定值为____ ~ ____V。如果发动机运转时电压显示降到____V 以下，那么应检查供电系统蓄电池和______。

2. 组合仪表包括__________、__________、__________、____________ 等几个仪表。

3. 仪表报警信号系统中红色符号包括____________、____________、____________等。

二、判断题

1. 若显示屏内的警告灯 🌡 闪烁，则表示不是冷却液温度过高就是冷却液液位过低。（　　）

2. 若组合仪表显示屏符号 ⛽ 亮起，则表明油箱中还剩有少量燃油，此时仍可以继续行车直至油箱燃油耗尽。（ ）

3. 驾驶员信息系统显示屏中如果有 🛢 显示亮起，就表示机油油位过低，应及时添加机油。（ ）

4. 只有关闭点火开关后，才可连接测试仪器或拆装蓄电池。（ ）

5. 某些检测中，控制单元可能识别并存储一个故障，因此检测及修理后，应查询并清除故障存储器。（ ）

6. 无论在发动机关闭或运转还是在汽车行驶情况下，都可以通过复位按钮显示查询保养周期剩余里程数。（ ）

模块五　汽车娱乐与通信系统

课题一　汽车音响系统

一、填空题

1. CD唱机（激光唱机）是将__________技术、__________技术、__________技术以及__________技术、__________技术和__________技术等融为一体的数字音频设备。

2. 汽车音响系统主要由__________、__________、__________和__________等组成。

3. 前置放大器不仅选择所需要的音源信号，并放大到额定电平，还要进行各种音质控制，包括__________、__________、__________、__________、__________等，以美化声音。

二、简答题

1. 简述汽车音响系统的组成。

2. 简述调谐器的作用。

3. 娱乐系统对功率放大器的要求有哪些？

4. 简述扬声器系统的组成。

三、故障分析题

1. 故障描述：喇叭不响。
2. 故障现象确认：____________________。
3. 分析线路图（见图1～图4），确定故障原因。

BOLERO，SWING收音机电路图

说明
信息
- ◆ 继电器位置分配和熔丝位置分配
- ◆ 多针脚插头连接
- ◆ 控制单元和继电器
- ◆ 接地点

=> 注意在一览中的安装位置！

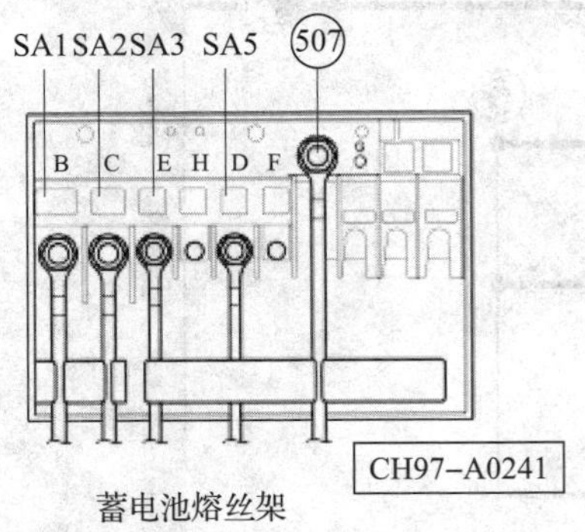

蓄电池熔丝架

(507)—正极螺栓连接点（30）

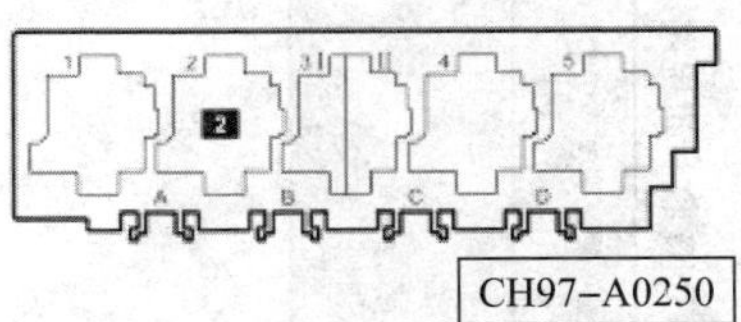

仪表板左侧下部继电器板

2 可加热后窗玻璃继电器-J9（53继电器）

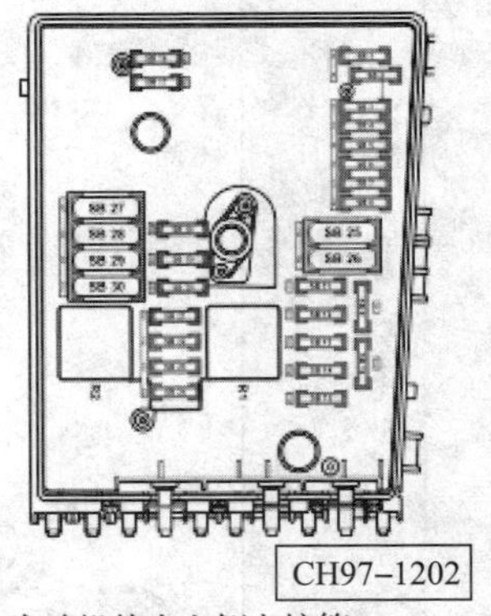

发动机舱内左侧电控箱

F8 SB8-熔丝8，15安培

图1

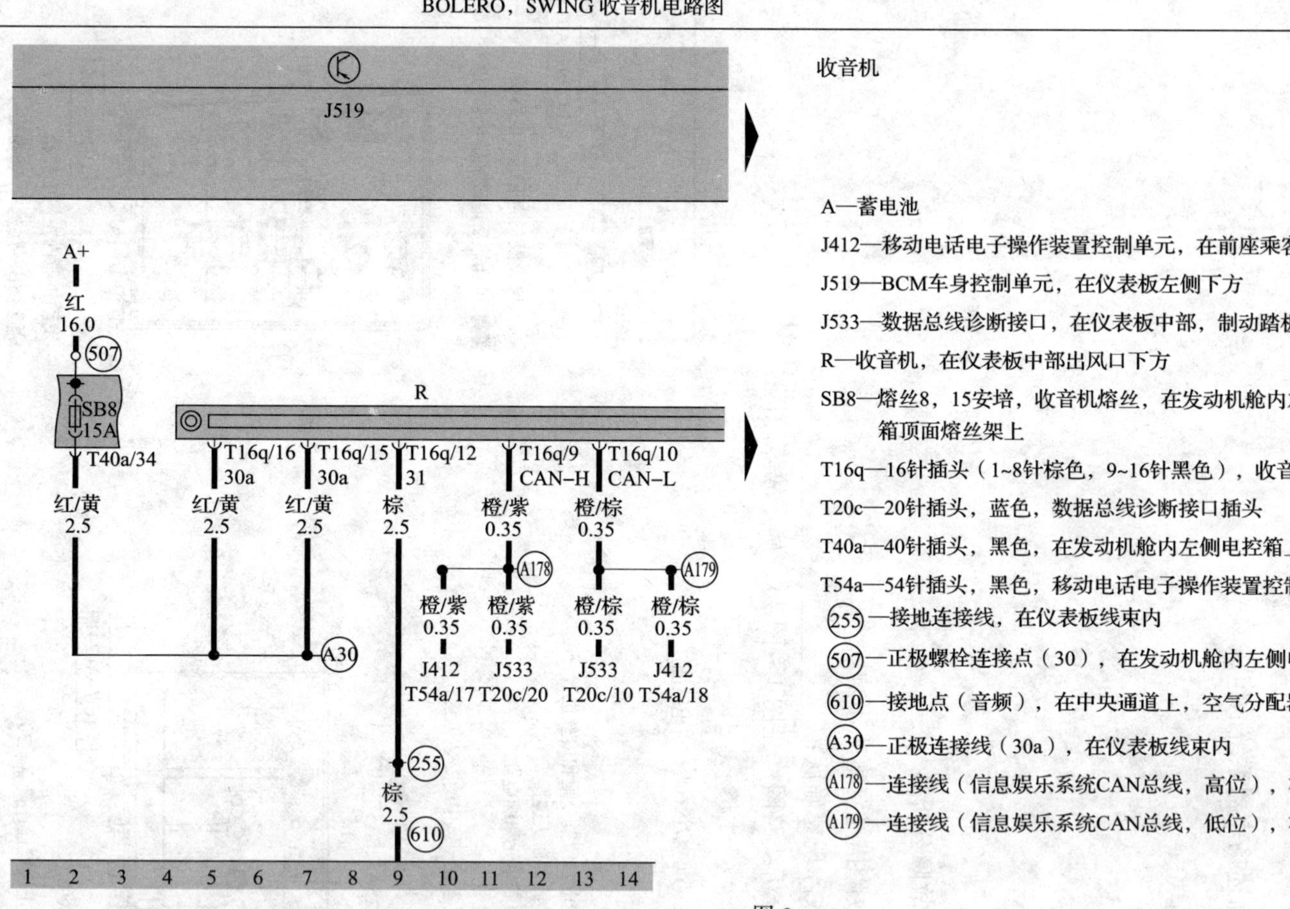

收音机

A—蓄电池

J412—移动电话电子操作装置控制单元，在前座乘客座椅下方

J519—BCM车身控制单元，在仪表板左侧下方

J533—数据总线诊断接口，在仪表板中部，制动踏板支架右侧

R—收音机，在仪表板中部出风口下方

SB8—熔丝8，15安培，收音机熔丝，在发动机舱内左侧电控箱顶面熔丝架上

T16q—16针插头（1~8针棕色，9~16针黑色），收音机插头

T20c—20针插头，蓝色，数据总线诊断接口插头

T40a—40针插头，黑色，在发动机舱内左侧电控箱上

T54a—54针插头，黑色，移动电话电子操作装置控制单元插头

(255)—接地连接线，在仪表板线束内

(507)—正极螺栓连接点（30），在发动机舱内左侧电控箱前面主保险丝支架上

(610)—接地点（音频），在中央通道上，空气分配器右侧下方

(A30)—正极连接线（30a），在仪表板线束内

(A178)—连接线（信息娱乐系统CAN总线，高位），在仪表板线束内

(A179)—连接线（信息娱乐系统CAN总线，低位），在仪表板线束内

图 2

收音机、高音喇叭、低音喇叭

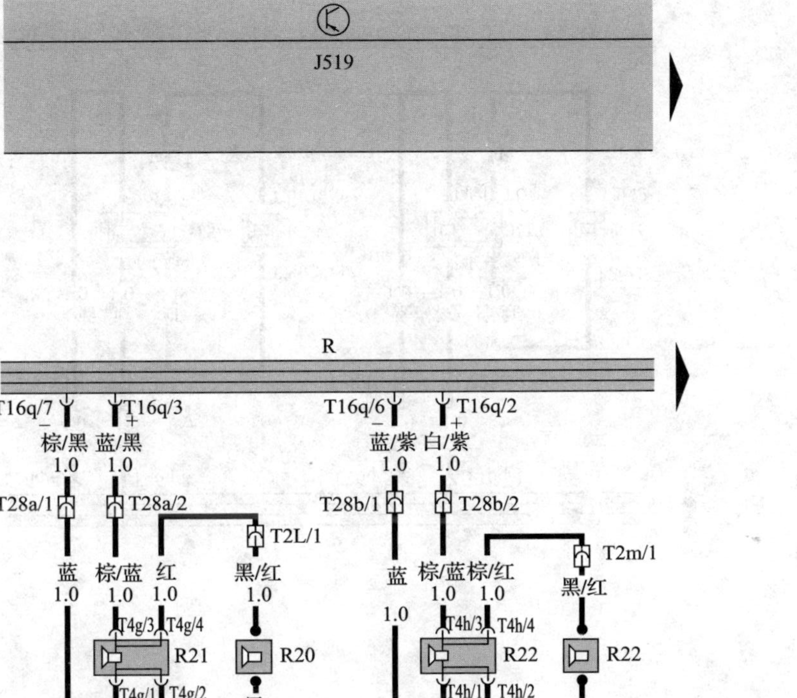

图 3

J519—BCM车身控制单元，在仪表板左侧下方
R—收音机，在仪表板中部出风口下方
R20—左前高音喇叭，在驾驶员侧车门上
R21—左前低音喇叭，在驾驶员侧车门上
R22—右前高音喇叭，在右前车门内
R23—右前低音喇叭，在右前车门内
T2L—2针插头，黑色，在驾驶员侧车门上
T2m—2针插头，黑色，在右前车门内
T4g—4针插头，黑色，左前低音喇叭插头
T4h—4针插头，黑色，右前低单喇叭插头
T16q—16针插头（1~8针棕色，9~16针黑色），收音机插头
T28a—28针插头，黑色，在左A柱中部
T28b—28针插头，黑色，在右A柱中部

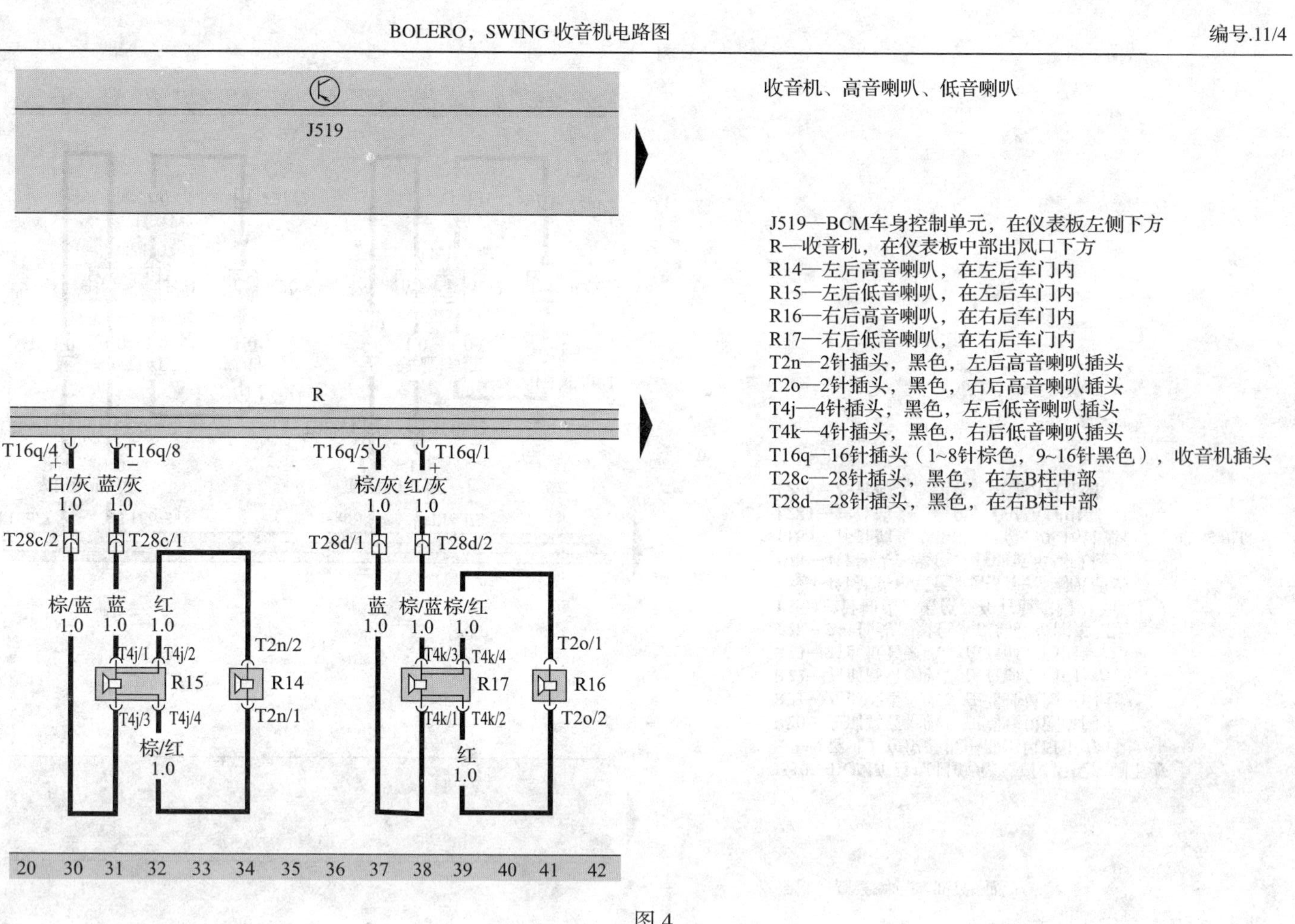

J519—BCM车身控制单元，在仪表板左侧下方
R—收音机，在仪表板中部出风口下方
R14—左后高音喇叭，在左后车门内
R15—左后低音喇叭，在左后车门内
R16—右后高音喇叭，在右后车门内
R17—右后低音喇叭，在右后车门内
T2n—2针插头，黑色，左后高音喇叭插头
T2o—2针插头，黑色，右后高音喇叭插头
T4j—4针插头，黑色，左后低音喇叭插头
T4k—4针插头，黑色，右后低音喇叭插头
T16q—16针插头（1~8针棕色，9~16针黑色），收音机插头
T28c—28针插头，黑色，在左B柱中部
T28d—28针插头，黑色，在右B柱中部

图 4

可能的故障点：

（1）______________________________

（2）______________________________

（3）______________________________

4．实车检测，写出检测流程：

（1）______________________________

（2）______________________________

（3）______________________________

（4）______________________________

5．确定故障点，排除故障。

（1）______________________________

（2）______________________________

课题二　汽车电子导航系统

一、填空题

1．GPS 系统包括三大部分：空间部分——________________、地面控制部分——________________、用户设备部分——________________。

2．GPS 是当前最先进的精密卫星导航定位系统，具有__________、__________、__________、__________、__________、__________等特点。

3．汽车电子导航系统由______________、______________、______________、____________、位置检测装置等组成。

4．在汽车导航系统中通常使用__________和__________来测定汽车转弯角速度并确定汽车行驶方向。

二、简答题

1．GPS 系统的组成有哪些？

2. 简述 GPS 导航的特点。

3. 简述汽车电子导航系统的组成。

三、故障分析题

1. 故障描述：车载导航无法使用。
2. 故障现象确认：____________________________。
3. 分析线路图（见图 1 ~ 图 4），确定故障原因。

图 1

收音机和导航系统的带显示单元的控制单元

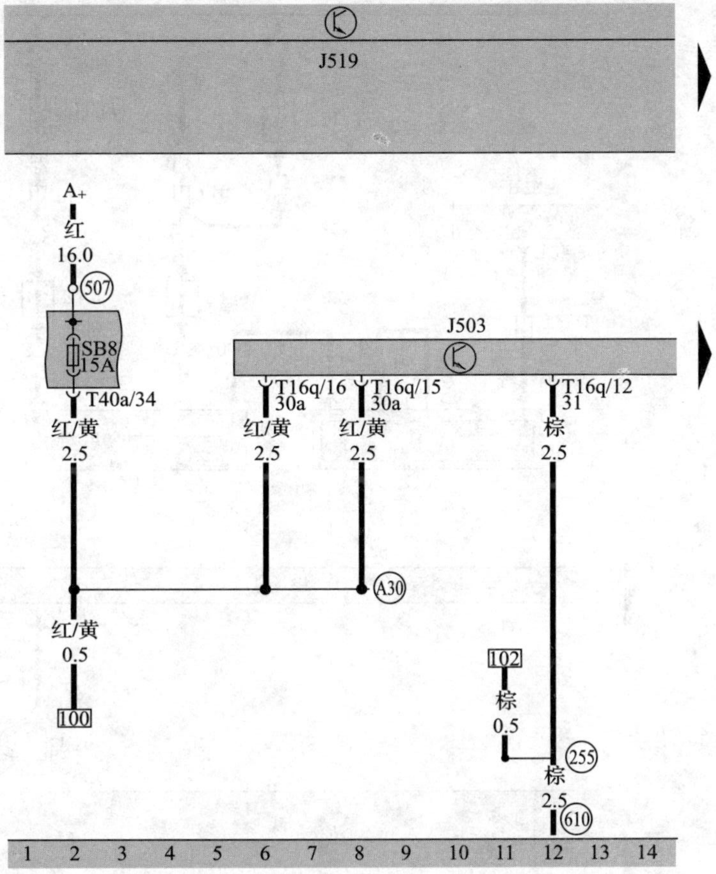

A — 蓄电池

J503 — 收音机和导航系统的带显示单元的控制单元，在仪表板中部出风口下方

J519 — BCM车身控制单元，在仪表板左侧下方

SB8 — 熔丝8，15安培，电视调谐器、收音机和导航系统的带显示单元的控制单元熔丝，在发动机舱内左侧电控箱顶面熔丝架上

T16q — 16针插头（1~8针棕色，9~16针黑色），收音机和导航系统的带显示单元的控制单元插头

T40a — 40针插头，黑色，在发动机舱内左侧电控箱上

(255) — 接地连接线，在仪表板线束内

(507) — 正极螺栓连接点（30），在发动机舱内左侧电控箱前面主熔丝支架上

(610) — 接地点（音频），在中央通道上，空气分配罩右侧下方

(A30) — 正极连接线（30a），在仪表板线束内

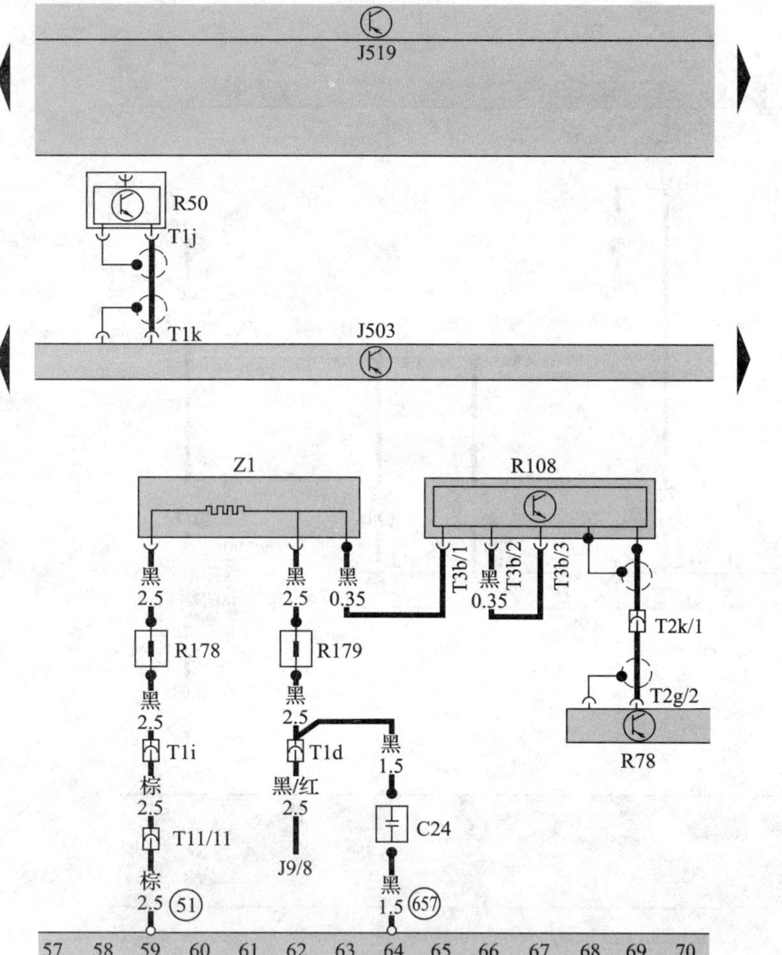

图2

收音机和导航系统的带显示单元的控制单元、导航系统（GPS）天线、电视调谐器、左侧天线模块、导线中的调频（FM）滤波器、可加热后窗玻璃、滤波电容器

C24—滤波电容器，在后挡风玻璃左侧
J9—可加热后窗玻璃继电器，在仪表板左侧下部继电器板上2号位（53继电器）
J503—收音机和导航系统的带显示单元的控制单元，在仪表板中部出风口下方
J519—BCM车身控制单元，在仪表板左侧下方
R50—导航系统（GPS）天线，在仪表板内中部
R78—电视调谐器，在行李箱右侧
R108—左侧天线模块，在后挡风玻璃上部左侧
R178—负极导线中的调频（FM）滤波器，在后挡风玻璃右侧
R179—正极导线中的调频（FM）滤波器，在后挡风玻璃右左
T1d—1针插头，白色，在后挡风玻璃左侧
T1i—1针插头，白色，在后挡风玻璃右侧
T1j—1针插头，蓝色，导航系统（GPS）天线插头
T1k—1针插头，蓝色，收单机和导航系统的带显示单元的控制单元插头
T2g—2针插头，棕色，电视调谐器插头
T2k—2针插头，棕色，在右C柱上
T3b—3针插头，黑色，左侧天线模块插头
T11—11针插头，黑色，在行李箱右侧
Z1—可加热后窗玻璃

(51)—接地点，在行李箱右侧，近尾灯处

(657)—接地点，在后挡风玻璃左侧

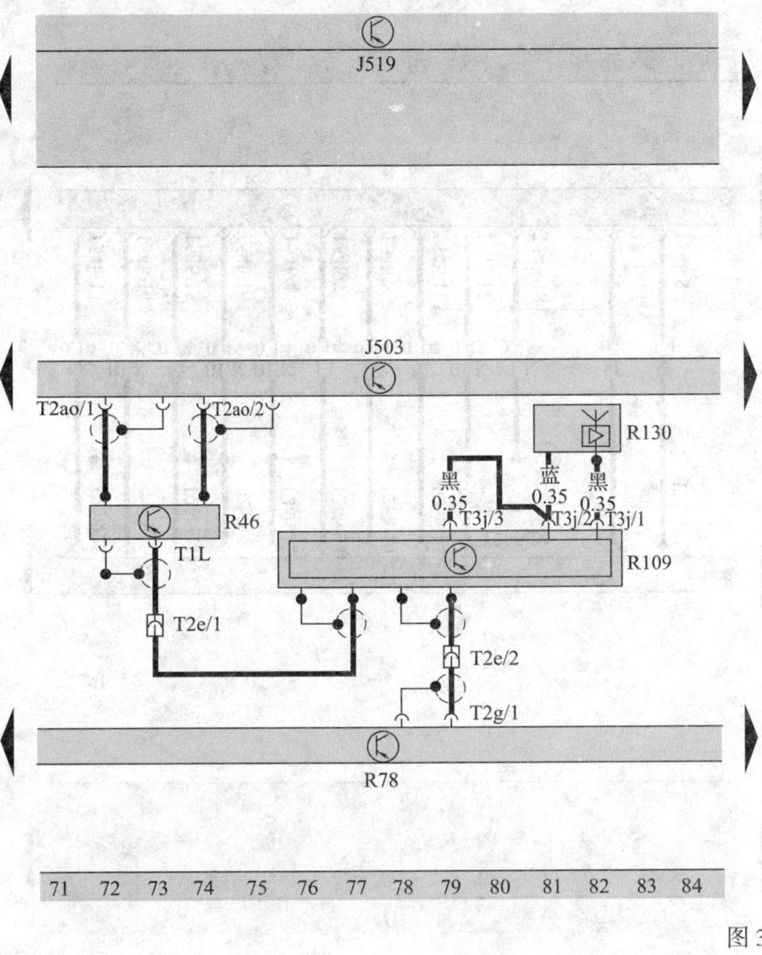

图 3

收音机和导航系统的带显示单元的控制单元、天线分频器、电视调谐器、右侧天线模块、后窗玻璃天线

J503—收音机和导航系统的带显示单元的控制单元，在仪表板中部出风口下方
J519—BCM车身控制单元，在仪表板左侧下方
R46—天线分频器，在收音机和导航系统的带显示单元的控制单元后部
R78—电视调谐器，在行李箱右侧
R109—右侧天线模块，在后挡风玻璃上部右侧
R130—后窗玻璃天线1，在后挡风玻璃上
T1L—1针插头，白色，天线分频器插头
T2e—2针插头，米色，在右C柱上
T2g—2针插头，棕色，电视调谐器插头
T2ao—2针插头，白色，天线分频器插头
T3j—3针插头，黑色，右侧天线模块插头

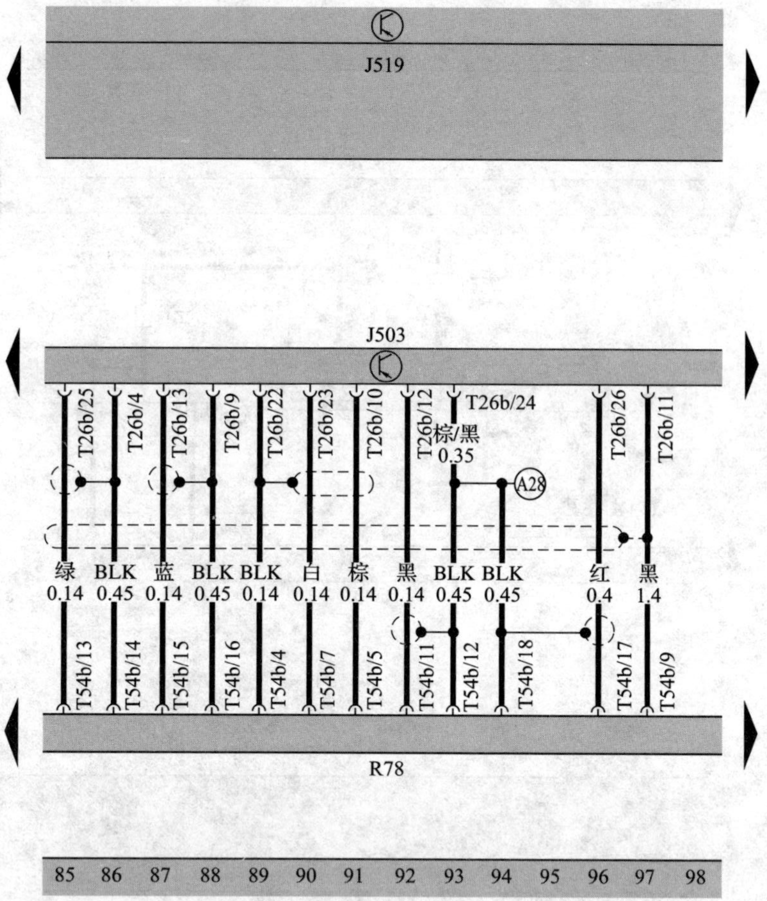

J519

J503

T26b/25 T26b/4 T26b/13 T26b/9 T26b/22 T26b/23 T26b/10 T26b/12 T26b/24 T26b/26 T26b/11

棕/黑 0.35

A28

绿 0.14 BLK 0.45 蓝 0.14 BLK 0.45 BLK 0.14 白 0.14 棕 0.14 黑 0.14 BLK 0.45 BLK 0.45 红 0.4 黑 1.4

T54b/13 T54b/14 T54b/15 T54b/16 T54b/4 T54b/7 T54b/5 T54b/11 T54b/12 T54b/18 T54b/17 T54b/9

R78

85 86 87 88 89 90 91 92 93 94 95 96 97 98

图 4

收音机和导航系统的带显示单元的控制单元、电视调谐器

J503—收音机和导航系统的带显示单元的控制单元，在仪表板中部出风口下方
J519—BCM车身控制单元，在仪表板左侧下方
R78—电视调谐器，在行李箱右侧
T26b—26针插头，黑色，收音机和导航系统的带显示单元的控制单元插头
T54b—54针插头，黑色，电视调谐器插头
Ⓐ28—连接线，在仪表板线束内

可能的故障点：

（1）____

（2）____

（3）____

4. 实车检测，写出检测流程：

（1）____

（2）____

（3）____

（4）____

5. 确定故障点，排除故障。

（1）____

（2）____

课题三　车载免提电话系统

一、填空题

1. 根据下图，写出电话系统各组成部分的名称。

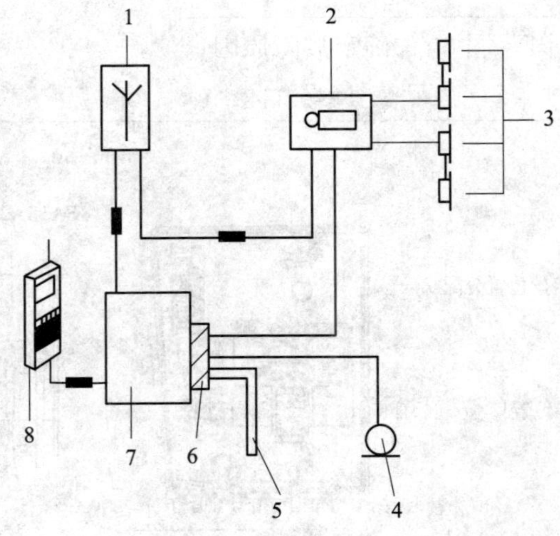

1—____________ 2—____________ 3—____________ 4—____________

5—____________ 6—____________ 7—____________ 8—____________

2. 根据下图，写出天线各组成部分的名称。

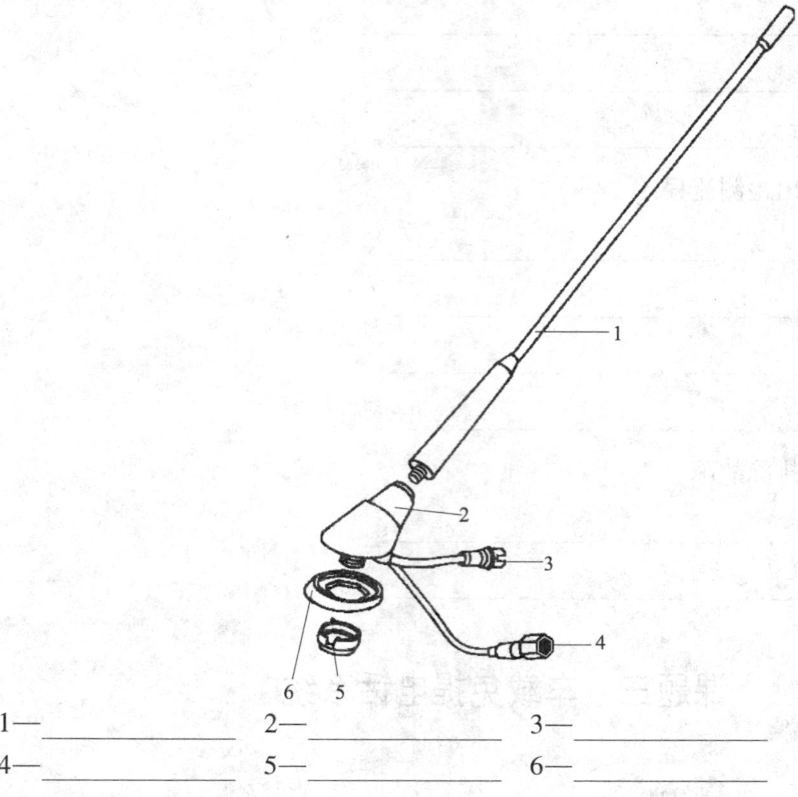

1—________ 2—________ 3—________

4—________ 5—________ 6—________

二、故障分析题

1. 故障描述：免提电话系统无法使用。
2. 故障现象确认：________________。
3. 分析线路图（见图1～图6），确定故障原因。

车载电话电路图

说明

信息

- ◆ 继电器位置分配和熔丝位置分配
- ◆ 多针脚插头连接
- ◆ 控制单元和继电器
- ◆ 接地点

=> 注意在一览中的安装位置！

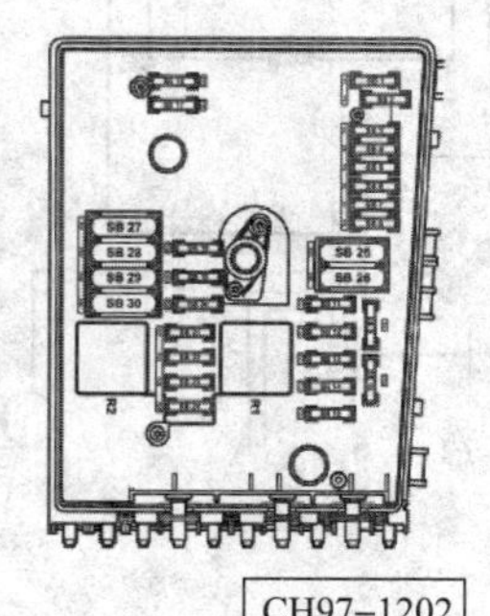

发动机舱内左侧电控箱

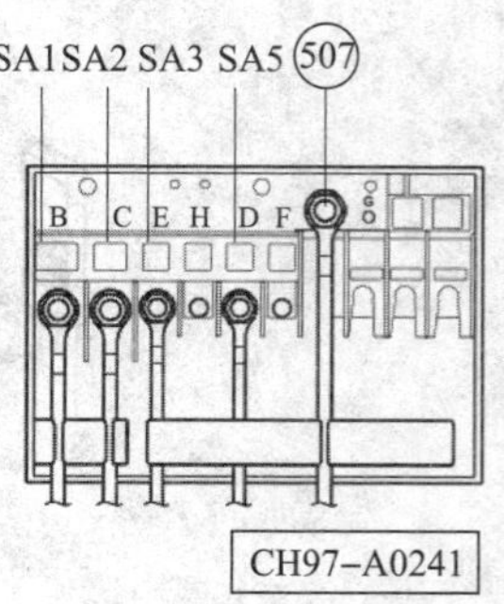

蓄电池熔丝架

F8 SB8-熔丝8，15安培

F9 SB9-熔丝9，5安培

507 —正极螺栓连接点（30）

图1

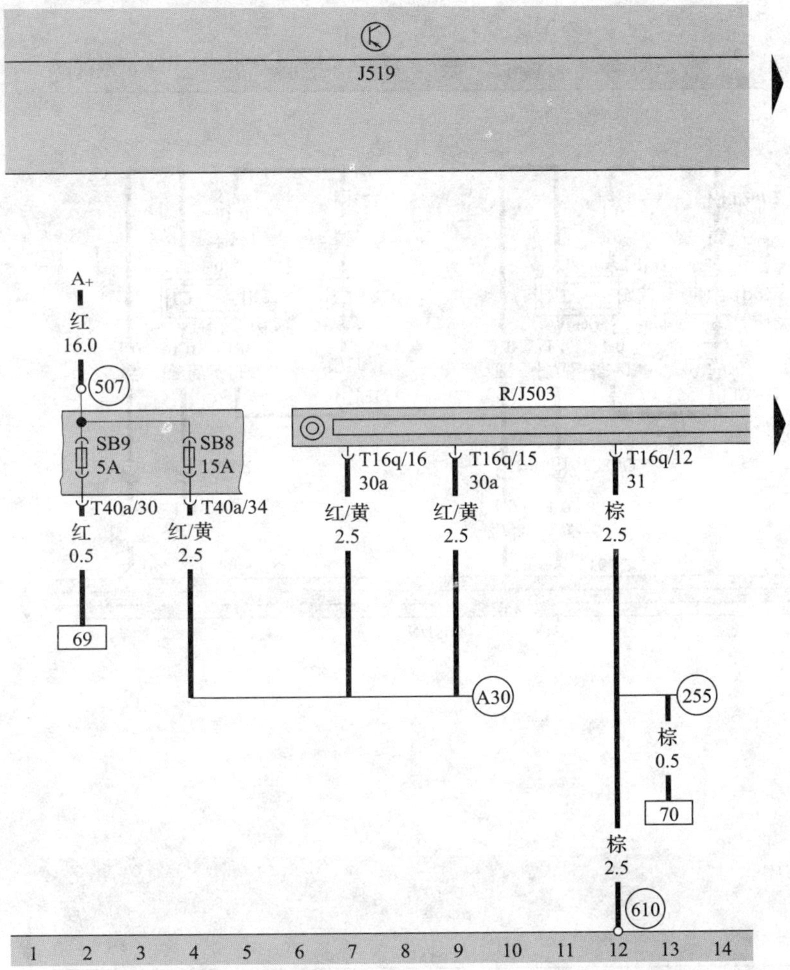

图 2

收音机、收音机和导航系统的带显示单元的控制单元

A — 蓄电池
J503 — 收音机和导航系统的带显示单元的控制单元，在仪表板中部出风口下方
J519 — BCM车身控制单元，在仪表板左侧下方
R — 收音机，在仪表板中部出风口下方
SB8 — 熔丝8，15安培，收音机、电视调谐器、收音机和导航系统的带显示单元的控制单元熔丝，在发动机舱内左侧电控制箱顶面熔丝架上
SB9 — 熔丝9，5安培，移动电话电子操作装置控制单元熔丝，在发动机舱内左侧电控箱顶面熔丝架上
T16q — 16针插头（1~8针棕色，9~16针黑色），收音机和导航系统的带显示单元的控制单元插头
T40a — 40针插头，黑色，在发动机舱内左侧电控箱上
(255) — 接地连接线，在仪表板线束内
(507) — 正极螺栓连接点（30），在发动机舱内左侧电控箱前面主熔丝支架上
(610) — 接地点（音频），在中央通道上，空气分配器右侧下方
(A30) — 正极连接线（30a），在仪表板线束内

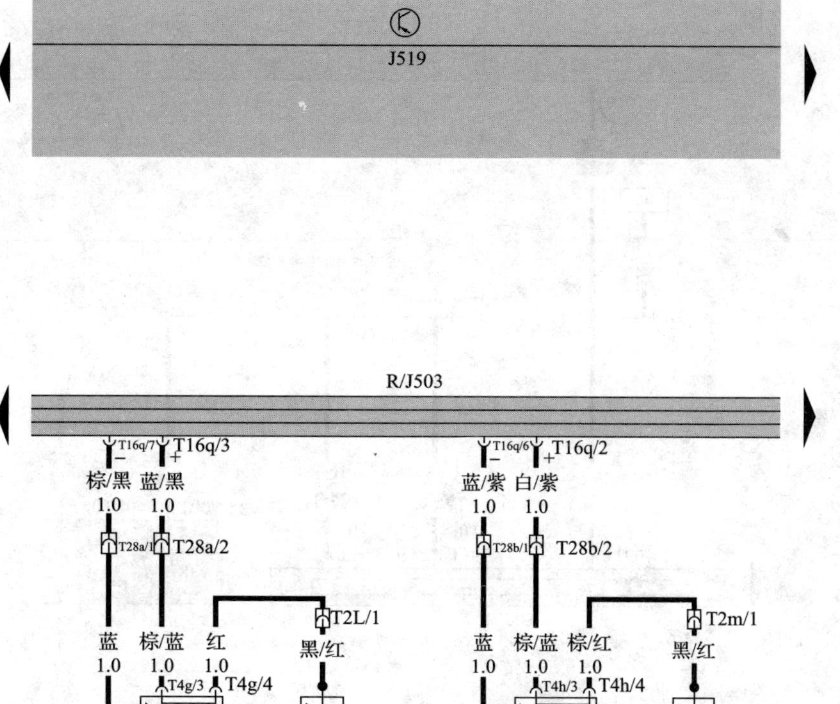

图 3

收音机、收音机和导航系统的带显示单元的控制单元、高音喇叭、低音喇叭

- J503 — 收音机和导航系统的带显示单元的控制单元，在仪表板中部出风口下方
- J519 — BCM车身控制单元，在仪表板左侧下方
- R — 收音机，在仪表板中部出风口下方
- R20 — 左前高音喇叭，在驾驶员侧车门上
- R21 — 左前低音喇叭，在驾驶员侧车门上
- R22 — 右前高音喇叭，在右前车门内
- R23 — 右前低音喇叭，在右前车门内
- T2L — 2针插头，黑色，在驾驶员侧车门上
- T2m — 2针插头，黑色，在右前车门内
- T4g — 4针插头，黑色，左前低音喇叭插头
- T4h — 4针插头，黑色，右前低音喇叭插头
- T16q — 16针插头（1~8针棕色，9~16针黑色），收音机和导航系统的带显示单元的控制单元插头
- T28a — 28针插头，黑色，在左A柱中部
- T28b — 28针插头，黑色，在右A柱中部

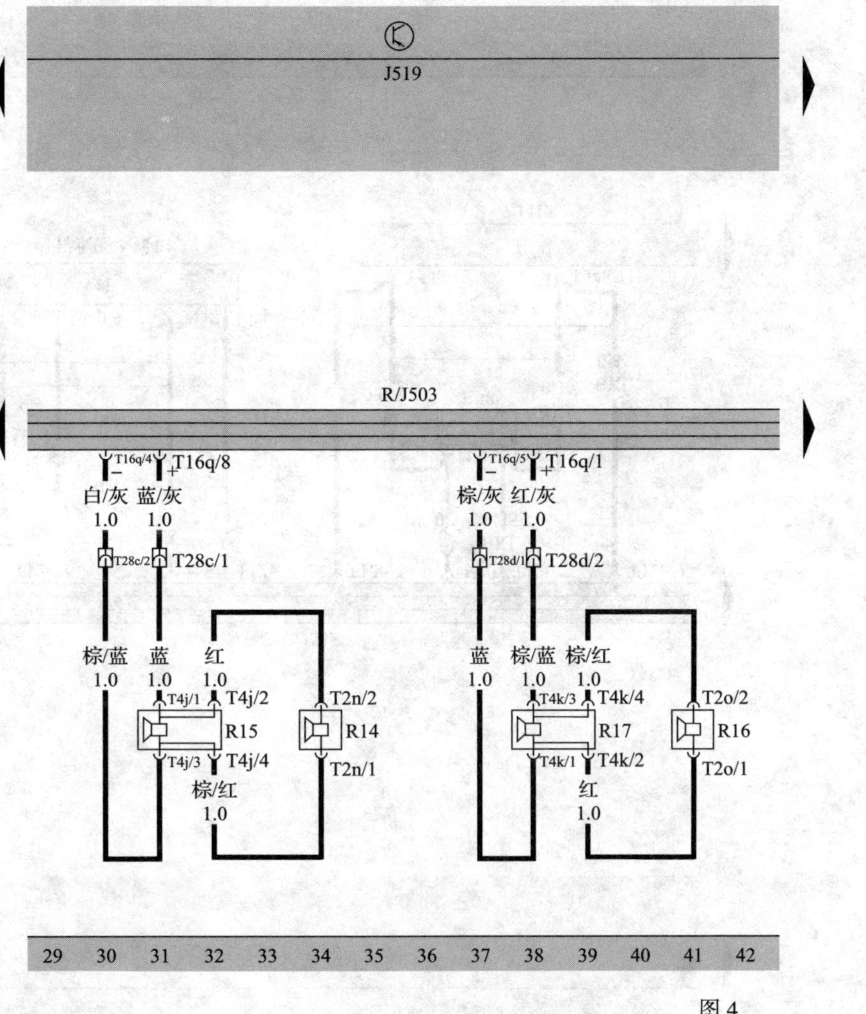

图 4

收音机、收音机和导航系统的带显示单元的控制单元、高音喇叭、低音喇叭

J503 — 收音机和导航系统的带显示单元的控制单元，在仪表板中部出风口下方
J519 — BCM车身控制单元，在仪表板左侧下方
R — 收音机，在仪表板中部出风口下方
R14 — 左后高音喇叭，在左后车门内
R15 — 左后低音喇叭，在左后车门内
R16 — 右后高音喇叭，在右后车门内
R17 — 右后低音喇叭，在右后车门内
T2n — 2针插头，黑色，左后高音喇叭插头
T2o — 2针插头，黑色，右后高音喇叭插头
T4j — 4针插头，黑色，左后低音喇叭插头
T4k — 4针插头，黑色，右后低音喇叭插头
T16q — 16针插头（1~8针棕色，9~16针黑色），收音机和导航系统的带显示单元的控制单元插头
T28c — 28针插头，黑色，在左B柱中部
T28d — 28针插头，黑色，在右B柱中部

收音机、收音机和导航系统的带显示单元的控制单元、移动电话电子操作装置控制单元、音频输入接口、电话话筒

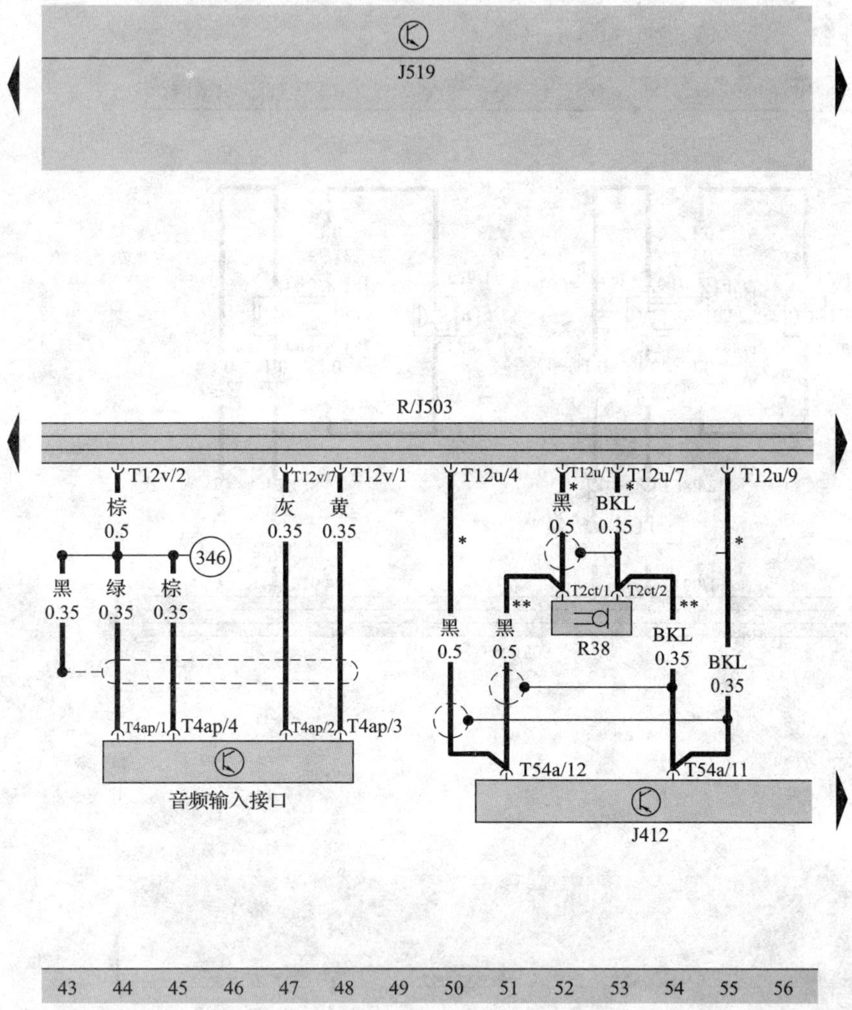

J412 — 移动电话电子操作装置控制单元，在前乘客座椅下方
J503 — 收音机和导航系统的带显示单元的控制单元，在仪表板中部出风口下方
J519 — BCM车身控制单元，在仪表板左侧下方
R — 收音机，在仪表板中部出风口下方
R38 — 电话话筒，在车顶前部中间，内顶灯上
T2ct — 2针插头，黑色，电话话筒插头
T4ap — 4针插头，黑色，音频输入接口插头
T12u — 12针插头，绿色，收音机和导航系统的带显示单元的控制单元插头
T12v — 12针插头，蓝色，收音机和导航系统的带显示单元的控制单元插头
T54a — 54针插头，黑色，移动电话电子操作装置控制单元插头音频输入接口，在中央通道后部，杂物箱内
(346) — 接地连接线（音频），在仪表板线束内
* — 用于装备导航系统的车型
** — 用于装备BOLERO，SWING收音机的车型

图 5

收音机、收音机和导航系统的带显示单元的控制单元、移动电话电子操作装置控制单元

J519

R/J503

T12u/12 + T12u/6 − T12u/5 T12u/11 T16q/9 CAN−H T16q/10 CAN−L

J533 T20c/20 J533 T20c/10

橙/紫 0.35 橙/紫 0.35 A178 橙/棕 0.35 橙/棕 0.35 A179

2 13

蓝 0.35 白 0.35 白 0.35 蓝 0.35 橙/紫 0.35 CAN−H 橙/棕 0.35 CAN−L 红 0.5 棕 0.5

T54a/8 T54a/9 T54a/5 T54a/4 T54a/17 T54a/18 30a T54a/1 32 T54a/2

J412

57 58 59 60 61 62 63 64 65 66 67 68 69 70

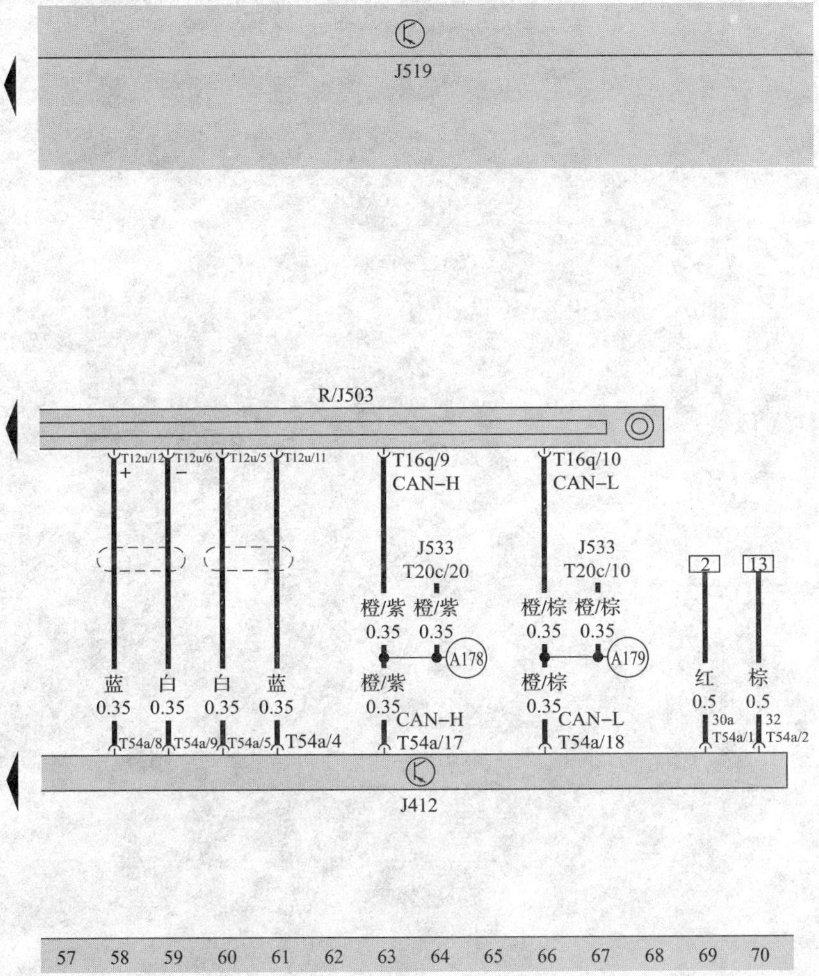

图 6

J412 — 移动电话电子操作装置控制单元，在前乘客座椅下方
J503 — 收音机和导航系统的带显示单元的控制单元，在仪表板中部出风口下方
J519 — BCM车身控制单元，在仪表板左侧下方
J533 — 数据总线诊断接口，在仪表板中部，制动踏板支架右侧
R — 收音机，在仪表板中部出风口下方
T12u — 12针插头，绿色，收音机和导航系统的带显示单元的控制单元插头
T16q — 16针插头（1~8针棕色，9~16针黑色），收音机和导航系统的带显示单元的控制单元插头
T20c — 12针插头，蓝色，数据总线接诊断接口插头
T54a — 54针插头，黑色，移动电话电子操作装置控制单元插头
A178 — 连接线（信息娱乐系统CAN总线，高位），在仪表板线束内
A179 — 连接线（信息娱乐系统CAN总线，低位），在仪表板线束内

可能的故障点：

（1）______________________________

（2）______________________________

（3）______________________________

4. 实车检测，写出检测流程：

（1）______________________________

（2）______________________________

（3）______________________________

（4）______________________________

5. 确定故障点，排除故障。

（1）______________________________

（2）______________________________

综合试卷一

题号	一	二	三	四	五	总分
得分						
阅卷人						

一、填空题（每空1分，共30分）

1．安全气囊组件主要由__________、气体发生器、__________和安全气囊系统线束组成。

2．安全带主要由__________、带扣、安装附件以及__________等组成。

3．电压表用于显示车载电网的电压。额定值在_____～_____V之间，如果发动机运转时电压显示降到__________V以下，则应检查供电系统蓄电池和__________。

4．巡航控制系统又称__________，是一种利用__________保持汽车自动等速行驶的系统。

5．在汽车导航系统中通常使用__________和__________，通过测定汽车转弯角速度来确定汽车行驶方向。

6．汽车防碰撞系统由__________、__________和__________组成。

7．气体放电前照灯自动调节装置的组成包括__________、安装于前后桥左侧的__________、前照灯照程调节__________等。

8．汽车舒适系统主要包括中央门锁控制系统、__________、__________、__________、电动天窗系统、电动后视镜系统、电动座椅系统等。

9．CAN总线是用来传输数据的双向数据线，分为CAN高位（CAN—high）和__________。

10．为防止电动机超载，在电动车窗系统的电路中或电动机内一般设有__________。

11．电动天窗驱动机构主要由__________、__________滑动螺杆等组成。

12．汽车舒适系统的重要优点是如果一条线路出现故障，可以改由__________运行，数据仍可被传输。

13．汽车音响系统主要由__________、__________、__________和扬声器等组成。

14．后视镜加热功能是指当汽车在雨、雪、雾等天气行驶时，后视镜可以通过镶嵌于镜片后的__________加热，确保镜片表面清晰。

二、选择题（每题 2 分，共 10 分）

1. 安全气囊前碰撞传感器的有效作用范围是汽车正前方 ±（　　）。

A. 30°　　B. 35°　　C. 40°　　D. 45°

2. 当收紧器从安装位置缓慢地倾斜（　　）时，确保安全带不会被锁住。

A. 25°　　B. 10°　　C. 15°　　D. 30°

3. 巡航控制系统是一种利用电子控制技术保持汽车自动（　　）行驶的系统。

A. 等速　　B. 等功率

C. 等油耗　　D. 等传动比

4. 巡航系统中的执行器按照驱动方式的不同可以分为（　　）。

A. 真空驱动和电动机驱动　　B. 真空驱动和压力驱动

C. 永磁电机和电动机驱动　　D. 步进电机和压力驱动

5. 以下不属于汽车音响音源系统的是（　　）。

A. 调谐器　　B. CD 唱机

C. VCD 影碟机　　D. 天线

三、判断题（每题 1 分，共 10 分）

1. 当车辆发生碰撞事故时，气囊先于安全带工作。（　　）

2. 当报废车辆或更换安全气囊系统时，控制单元可以继续使用。（　　）

3. 汽车安全带是一种保护乘员的主动安全装置。（　　）

4. 每辆汽车的最多合法钥匙不能超过 6 把。（　　）

5. 更换发动机电控单元后，必须重新与防盗系统电控单元进行匹配，完成此项工作必须使用一把合法的汽车钥匙。（　　）

6. 在紧急状况下进行制动时，驾驶员踩下制动踏板，也不能取消巡航控制。（　　）

7. 显示屏内的警告灯 闪烁，表示冷却液温度过高或者冷却液液位过低。（　　）

8. 无论在发动机关闭或运转还是在汽车行驶情况下，都可以通过复位按钮显示查询保养周期及剩余里程数。（　　）

9. 汽车所有车门都具有防夹功能。（　　）

10. 调谐器的波段越多，接收的频率范围越宽，接收到的电台也就越多。（　　）

四、简答题（每题 5 分，共 30 分）

1. 简述碰撞传感器的工作原理。

2．简述安全气囊系统的工作过程。

3．简述汽车防碰撞系统的原理。

4．简述桑塔纳2000GSi轿车防盗系统故障码的读取方法。

5．简述所有车窗均不能升降的故障分析过程。

6. 简述汽车总线故障的一般诊断步骤。

五、读图分析题（每题 10 分，共 20 分）

1. 图 1 所示为汽车巡航系统真空驱动型执行器的工作原理图，试分析其工作原理。

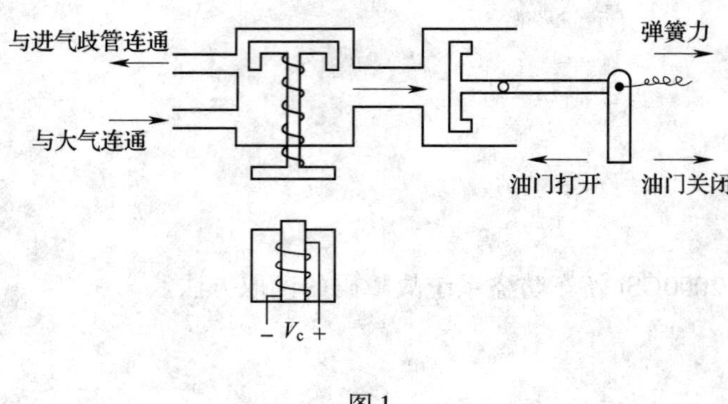

图 1

2. 现有一辆途观轿车出现驾驶员无法对左后车窗（电动车窗）进行控制的故障，列出故障检测设备，并根据图 2 和图 3 所示电路图，说明检测过程。

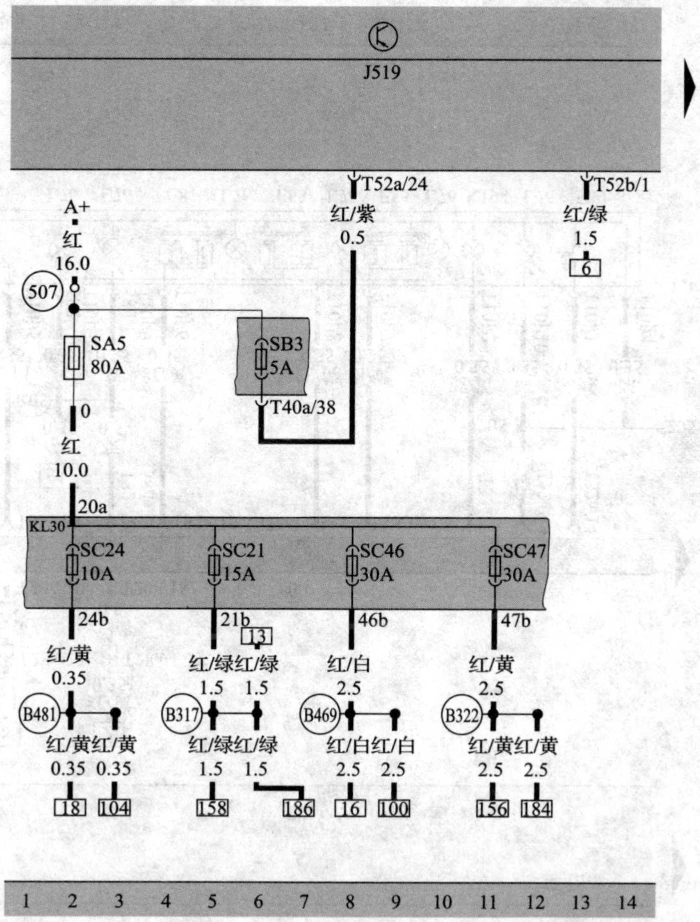

图 2

BCM车身控制单元

A — 蓄电池
J519 — BCM车身控制单元，在仪表板左侧下方
SA5 — 熔丝5，80安培，仪表板左侧下方熔丝盒内30号总线供电熔丝，在发动机舱内左侧电控箱前面熔丝架上D号位
SB3 — 熔丝3，5安培，BCM车身控制单元熔丝，在发动机舱内左侧电控箱顶面熔丝架上
SC21 — 熔丝21，15安培，BCM车身控制单元、后车门控制单元熔丝，在仪表板左侧下方熔丝支架上
SC24 — 熔丝24，10安培，前车门控制单元熔丝，在仪表板左侧下方熔丝支架上
SC46 — 熔丝46，30安培，前车窗升降器马达熔丝，在仪表板左侧下方熔丝支架上
SC47 — 熔丝47，30安培，后车窗升降器马达熔丝，在仪表板左侧下方熔丝支架上
T40a — 40针插头，黑色，在发动机舱内左侧电控箱下面
T52a — 52针插头，黑色，在BCM车身控制单元上A号位
T52b — 52针插头，白色，在BCM车身控制单元上B号位
507 — 正极螺栓连接点（30a），在发动机舱内左侧电控箱前面熔丝架上
B317 — 正极连接（30a），在主导线束中
B322 — 正极连接（30a），在主导线束中
B469 — 连接线，在主导线束中
B481 — 连接线，在主导线束中

图 3

驾驶员侧车门控制单元、车窗升降器联锁开关、车窗升降器开关、按钮照明、驾驶员侧车窗升降器马达、后部车窗升降器联锁指示灯

E39—后部车窗升降器联锁开关，在驾驶员侧车门上
E40—左前车窗升降器开关，在驾驶员侧车门上
E53—左后车窗升降器开关，在驾驶员侧车门上
E55—右后车窗升降器开关，在驾驶员侧车门上
E81—右前车窗升降器开关，在驾驶员侧车门上
J386—驾驶员侧车门控制单元，在驾驶员侧车门内
J519—BCM车身控制单元，在仪表板左侧下方
K194—后部车窗升降器联锁指示灯
L76—按钮照明
T10j—10针插头，黑色，车窗升降器开关插头
T20d—20针插头，黑色，驾驶员侧车门控制单元插头
T28a—28针插头，黑色，在左A柱中部
T32a—32针插头，灰色，驾驶员侧车门控制单元插头
V147—驾驶员侧车窗升降器马达，在驾驶员侧车门内
(205)—接地连接线，在驾驶员侧车门线束中

(R65)—正极连接线（58d），在驾驶员侧车门线束中

综合试卷二

题号	一	二	三	四	五	总分
得分						
阅卷人						

一、填空题（每空1分，共40分）

1. 汽车安全气囊系统主要由__________、__________、安全气囊指示灯、安全气囊组件等组成。

2. 在鉴别密码过程中，仪表板上的指示灯会保持__________状态。如果有任何错误发生，__________将停止工作，同时指示灯也会以一定频率闪动。

3. 根据安全带紧急预紧装置的驱动方式不同，可将其分为机械式锁紧装置和__________锁紧装置两大类。

4. 巡航控制开关一般采用__________开关，安装在转向盘下方；也有的采用__________开关，位于__________。

5. 气体放电前照灯与卤素灯的主要区别在于，气体放电前照灯通过气体电离发光，后者通过__________发光。

6. 汽车上的数据传输系统通常采用__________、__________、__________三套通信网络。

7. 汽车舒适系统中的CAN数据总线是以星状连接会聚于一点，其优点是如果一个控制单元失灵，其他控制单元__________。

8. 一般来说，引起汽车多路信息传输系统故障的原因有三种：一是__________，该类型故障一般是汽车电源系统引起的；二是汽车多路信息传输系统的__________；三是汽车多路信息传输系统的__________。

9. 中央控制门锁的组成包括__________、__________、__________。

10. 天窗控制系统包括__________、__________、__________、__________。

11. 组合仪表的组成包括__________、__________、__________、__________等。

12. 后视镜内的霍尔集成电路产生模拟电压，对后视镜所在位置进行检测，而__________永磁电动机均可正反转，一个用于控制__________，另一个用于控制__________。

13. 当点火开关转到ACC或__________位置时，气囊警告灯会亮大约__________s，然后熄灭。

14．电动后视镜一般由__________、__________、__________等组成。

15．GPS 系统包括三大部分：空间部分——________________；地面控制部分——________________；用户设备部分——__________。

16．在汽车导航系统中通常使用__________和__________，通过测定汽车转弯角速度来确定汽车行驶方向。

二、选择题（每题 1 分，共 5 分）

1．侧面安全气囊系统在（　　）时会膨胀开。

A．侧面碰撞　　B．轻微的侧面碰撞　　C．尾部碰撞　　D．侧翻

2．控制单元判断引爆安全气囊的最低车速是（　　）km/h。

A．25　　B．30　　C．40　　D．50

3．巡航控制系统不包括（　　）。

A．巡航控制开关　　B．传感器

C．巡航控制 ECU　　D．安全带

4．如果车速降至 40 km/h 以下，则巡航控制系统自动取消，且巡航 ECU 存储器内存储的设定车速将被（　　）。

A．清除　　B．储存　　C．记忆　　D．写入程序

5．节气门位置传感器主要用于（　　）计算输出信号与节气门开度的对应关系，以确定输出量的大小。

A．巡航控制开关　　B．ABS ECU

C．巡航控制 ECU　　D．气囊电脑

三、判断题（每题 1 分，共 10 分）

1．碰撞传感器用于检测车辆发生碰撞时的减速度或惯性力。（　　）

2．接通点火开关时，诊断单元对系统进行自检，若指示灯在点亮 6 s 后不熄灭，表示安全气囊系统正常。（　　）

3．万用表是常用的检测设备，因此也适用于预紧安全带的检测。（　　）

4．每辆汽车的最多合法钥匙不能超过 6 把。（　　）

5．匹配汽车钥匙的目的是保存以前所有合法钥匙的代码。（　　）

6．在紧急状况下进行制动时，驾驶员踩下制动踏板，也不能取消巡航控制。（　　）

7．显示屏内的警告灯 闪烁，表示冷却液温度过高或者冷却液液位过低。（　　）

8．无论在发动机关闭或运转还是在汽车行驶情况下，都可以通过复位按钮显示查询保养周期及剩余里程数。（　　）

9．汽车所有车门都具有防夹功能。（　　）

10．当车速低于 40 km/h 时，巡航车速不能被设定，巡航控制系统不能工作。（　　）

四、简答题（每题 5 分，共 35 分）

1. 简述碰撞传感器的工作原理。

2. 简述安全气囊系统的作用。

3. 简述汽车防碰撞系统的原理。

4. 简述桑塔纳 2000GSi 轿车防盗系统故障码的读取方法。

5．简述所有车窗均不能升降的故障分析过程。

6．简述汽车总线故障的一般诊断步骤。

7．在什么情况下，安全气囊系统不会动作？

五、读图分析题（每题 10 分，共 10 分）

根据下图，写出 CAN 总线数据传递的五个过程。

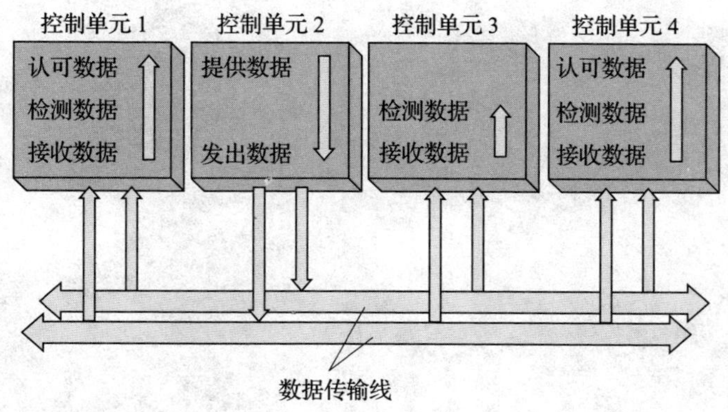

CAN 总线数据传递的五个过程

（1）____。

（2）____。

（3）____。

（4）____。

（5）____。